Lucinde Hutzenlaub wurde in Stuttgart geboren, wo sie nach mehreren Auslandsaufenthalten wieder lebt. Sie ist Heilpraktikerin und Coach, verheiratet und hat drei Töchter und einen Sohn. Lucinde arbeitet als Kolumnistin und Autorin, selbstverständlich nebenher. Hauptberuflich ist sie Mutter. Nein, Moment: Ehefrau. Oder vielleicht doch … Nun ja. Alles eben. Obwohl sie es eigentlich besser wissen müsste.

www.lucinde-hutzenlaub.de

Heike Abidi lebt zusammen mit ihrer Familie in der Pfalz bei Kaiserslautern. Sie arbeitet als Werbetexterin und Autorin von Unterhaltungsromanen, unterhaltenden Sachbüchern sowie Jugend- und Kinderbüchern. Sie versucht, ihren familiären Alltagsstress auf ein Minimum zu reduzieren, indem sie sich alles Belastende mit ihrem Mann teilt – wobei er vermutlich den größeren Anteil schultert …

www.AbidiBooks.de

Außerdem von Lucinde Hutzenlaub und Heike Abidi lieferbar:

Ich dachte, älter werden dauert länger.
Ich dachte, sie ziehen nie aus
Ich dachte, wir schenken uns nichts
Ich dachte, ich bin schon perfekt

www.penguin-verlag.de

Lucinde Hutzenlaub
Heike Abidi

ICH DACHTE, ZU ZWEIT MUSS MAN NICHT ALLES SELBER MACHEN

Ein Überlebenstraining für die Familienmanagerin im Dauereinsatz

PENGUIN VERLAG

MIX
Papier | Fördert gute Waldnutzung
FSC www.fsc.org
FSC® C014496

Klimaneutral*
Druckprodukt
ClimatePartner.com/14044-1912-1001

Penguin Random House Verlagsgruppe FSC® N001967

1. Auflage

in der Penguin Random House Verlagsgruppe GmbH,
Neumarkter Straße 28, 81673 München
Redaktion: Katharina Rottenbacher
Umschlaggestaltung: bürosüd, München
Umschlagabbildung[en]: bürosüd, München
Satz: Greiner & Reichel GmbH
Druck und Bindung: GGP Media GmbH, Pößneck
Printed in Germany 2022
ISBN 978-3-328-10835-1
www.penguin-verlag.de

Inhalt

Teil 2: Not my circus, not my monkeys

Wie wir uns Freiräume schaffen, indem wir nicht permanent die Welt zu retten versuchen

Teil 3: Und wer kümmert sich um mich?

Wie wir es lernen, uns nicht immer an die letzte Stelle zu setzen

Vorwort Lucinde:
Wer bin ich – und wenn ja, wie viele?

Steckbrief

Mental-Load-Status: Ich arbeite daran ☺
Stressfaktor: Auf einer Skala von 1 bis 10, wobei 10 absolut megasupergestresst ist? Schwankend zwischen 2 und 8. Beides täglich und völlig unbeeinflussbar durch gute Planung. Peak zum Beispiel, wenn alle Familienmitglieder gleichzeitig zur Arbeit/Schule/ins Leben aufbrechen wollen.
Lieblings-Entlastungs-Trick: Hm … uh … tja … Ich überlege noch ein bisschen, okay?
Lieblingssong zum Thema Mental Load:
I LOVE IT, Icona Pop (featuring Charli *XCX*)
Lieblingssong zum Thema Partnerschaft (je nach Bedarf und Situation): *Lucky* (Jason Mraz), *More Than Words* (Extreme), *Let's Call the Whole Thing Off* (George Gershwin)
Lieblings Anti-Mental-Load-Vorbild-Film: *Bad Moms*. Ja gut: Der Blockbuster mit Mila Kunis, Amy Mitchell und Kristen Bell ist ein bisschen schlicht, ein bisschen prollig und auch ein bisschen übertrieben. Aber der großartige Soundtrack (siehe mein

Lieblingssong) und all die lustigen und mutigen »Na unds?« in der Story machen einfach gute Laune – und Lust, mal so richtig alle (selbstauferlegten) Regeln zu brechen und ordentlich Spaß zu haben.
Mental-Load-Notfalltrick: Joggen. Spazierengehen. Ganz egal. Wenn mein Kopf alles gleichzeitig denkt und mein Leben auch noch alles zur selben Zeit will, hilft nur: Laufschuhe an und raus. Irgendwie fällt dann gedanklich alles an seinen Platz, und wenn ich nach Hause komme, merke ich oft, dass sich die Welt auch ohne mein Eingreifen weitergedreht hat. Sehr erleichternd.
Schlauer Spruch, auf den ich frühmorgens gut verzichten kann: »Es ist, was es ist, aber es wird, was du daraus machst.« Danke auch.
Verheiratet seit: 24 Jahren
Bilanz: WHAT? 24 Jahre? Beinahe ein Vierteljahrhundert? Vier mehr oder weniger große Kinder? Wann ist das denn passiert? Kann ich noch mal zurück? Ich müsste da dringend noch ein wenig … Nein? Schade.

Es ist nicht so, als hätte ich früher auf die Frage, was ich mal werden will, mit »Krankenschwester, Coach, Köchin, Taxifahrerin, Psychologin, Anwältin, bitte alles gleichzeitig, und wenn Ihnen noch was einfällt, auch das noch« geantwortet. Es ist auch nicht so, als wäre eine umfangreiche Mutterschaft mein großes Ziel gewesen, als ich einst Abitur gemacht und meine Koffer gepackt habe, um fernab der Heimat Grafikdesign zu studieren. Mutter zu werden stand zu dieser Zeit schon irgendwo auf meiner Prioritätenliste, aber sehr weit hinten. Emotional und zeitlich gesehen. Dabei hatte ich den zukünftigen Vater meiner ersten Tochter schon in der Grundschule kennengelernt, allerdings, ohne das damals schon zu wissen. Ich fand ihn ziemlich doof. Und er mich vermutlich auch, wenn er mich überhaupt wahrgenommen hat. Das muss sich wohl ein paar Jahre später geändert haben, spätestens, als ich in den Semesterferien überraschend schwanger wurde.

Wie gesagt, es stand nicht oben auf meinem Plan, aber im selben Moment, in dem der zweite blaue Strich auf dem Schwangerschaftstest erschien, fühlte ich es: Diese unglaubliche bedingungslose Liebe und unendliche Kraft, die man als Mutter in sich trägt. Und braucht. O ja. Und zwar für all die durchwachten Nächte, die Auseinandersetzungen bei den Hausaufgaben, mit den Lehrern, während der Pubertät und schließlich, wenn sie ausziehen und einer Mutter mitteilen, dass sie nun nicht mehr ganz so wichtig ist. Das hat die Natur sehr schlau eingefädelt.

Meine Vorstellung vom Muttersein war damals stark von einer gewissen Windelwerbung und den darin gezeigten glücklichen und gesunden Müttern, Vätern und Babys geprägt. Ich stellte mir also vor, wie ich mit einem seligen Lächeln meine Tochter bewundern und fortan mit ihr über zauberhafte Wege aus Sonnenstrahlen wandeln würde. All diese Hormone trüben einfach das Bewusstsein und – nur ganz nebenbei bemerkt – wenn man sie in Flaschen abfüllen und in der Apotheke verkaufen könnte, rezeptfrei natürlich, würde es der Welt sehr viel besser gehen.

Aber zeitgleich mit dem enormen Glücksempfinden kamen auch die Grübeleien. Wenn ich mir bis zu diesem Zeitpunkt maximal über meine Wochenendgestaltung Gedanken gemacht hatte, über meine Semesterarbeit und darüber, was es wohl am Abend zu Essen geben könnte, so war mein Kopf plötzlich voll von all diesen »Was, wenns«:

Was, wenn ich das alles gar nicht kann?

Was, wenn ich eine schlechte Mutter bin?

Was, wenn wir als Paar scheitern?

Was, wenn mein Kind krank ist?

Ich konnte nicht mehr schlafen. Stellte mir die schlimmsten Szenarien vor und war ständig erschöpft vom vielen Denken. Aber irgendwie gewöhnte ich mich daran, lernte, die Gedanken zur Seite zu schieben, und präsentierte sogar noch mein Vordiplom am Tag vor Paulinas Geburt. Vermutlich war das eine der wichtigsten Lerneinheiten überhaupt, denn das Grübeln und das rechtzeitige Beiseiteschieben begleiten mich bis heute.

Paulina kam mit einem Herzfehler auf die Welt und verbrachte erst mal ein paar Wochen auf der Intensivstation, wurde zweimal operiert und hatte zwischendurch keine besonders gute Prognose. Von wegen Windelwerbung, Sonnenstrahlen und ewiges Lächeln. Aber ziemlich schnell durfte ich sie mit all ihren Kabeln und Pflastern und Piepsern aus ihrem Bettchen nehmen und halten. Und immer, wenn sie mich ansah, spürte ich dieses Vertrauen, dass sie all das, was sie gerade durchmachte und was noch vor ihr lag, schaffen würde. Vielmehr noch, dass *ich* es schaffen würde. Und egal, was ihr, mir und meiner ständig wachsenden Familie in den nächsten Jahren und Jahrzehnten passiert ist, egal, wie groß das Chaos ist, das in meinem Kopf manchmal tobt, dieses Vertrauen ist geblieben, wenn ich mir meine Kinder so ansehe. Was auch immer es ist, ich schaffe das. Wir schaffen das. Meistens macht es sogar Spaß.

Einen so vielfältigen Job wie den einer Mutter muss man erst mal erfinden. Klar, die Bezahlung und die Arbeitszeiten sind verbesserungswürdig. Die Anerkennung von außen sowieso. Aber diese Momente, in denen meine mittlerweile vier Kinder gemeinsam am Tisch sitzen und lachen (meist über mich, über Geheimnisse, die sie vor mir haben oder über Dinge in den sozialen Medien, die ich vermutlich nie verstehen werde), sind die besten. Und außerdem habe ich seit ein paar Jahren ja noch einen Nebenjob als Autorin und als Systemische Coach. Nicht dass ich mich irgendwann mal langweile … ☺

Vorwort Heike: Nicht ohne meine bessere Hälfte

Steckbrief

Mental-Load-Status: Sehr entspannt
Stressfaktor: Wenn gerade kein Abgabetermin ansteht: welcher Stress?
Lieblings-Entlastungs-Trick: Überall, wo für einen Kuchenbasar gesammelt wird, die Behauptung verbreiten, ich könne nicht backen.
Lieblingssong zum Thema Mental Load:
RESPECT von Aretha Franklin
Lieblingssongs zum Thema Partnerschaft:
People Need Love und *I Still Have Faith In You* (ABBA)
Aha-Lese-Erlebnis: *Memoiren einer Tochter aus gutem Hause* von Simone de Beauvoir
Schmunzel-Aha-Moment: *Rendezvous unterm Nierentisch. Die Wirtschaftswunderrolle* – eine Sammlung von Werbespots aus den Fünfzigern mit unfreiwillig komischen, aber leider noch nicht völlig überholten Rollenklischees.
Verheiratet seit: 33 Jahren
Bilanz: Mann, hab ich ein Glück!

Als ich anno 1989 meiner Familie meinen Zukünftigen vorstellte, war die Begeisterung erst mal nur so mittelgroß. Damals war gerade das Buch *Nicht ohne meine Tochter* erschienen, und was macht das Töchterlein? Heiratet einen Araber. Wollte ich mich etwa unterdrücken lassen? Schleier tragen? Ihn rund um die Uhr bedienen? Immer sieben Schritte hinter ihm gehen?

Tja, Überraschung: Mein Mann ist der emanzipierteste Kerl, den ich kenne. Von wegen 50:50-Arbeitsaufteilung: Wir haben beide das Gefühl, der oder die andere tut mehr … Wobei ich sicher bin, mein Mann irrt sich da gewaltig. Sein Anteil ist definitiv deutlich größer.

Insofern hat mein Leben nicht bloß keinerlei Parallele zu dem von Betty Mahmoody, die von ihrem iranischen Gatten quasi wie eine Gefangene gehalten wurde und unter allergrößter Gefahr aus Teheran fliehen musste, sondern ich komme auch im Vergleich zu den meisten europäischen Frauen richtig gut weg in Sachen Mental Load. Also wenn es um Stress und psychische Belastung durch die Organisation von tausenderlei Alltagsdingen geht – allen voran die unbezahlte Sorgearbeit.

Vor allem jetzt, im gesetzten Alter von Mitte fünfzig. Mit einem erwachsenen und schon immer sehr selbstständigen Sohn, einer noch superfitten Mutter, einem extrem engagierten Ehemann und einem Job, der mir riesengroße Freude macht, kann ich von Belastung wirklich nicht reden. Ein bisschen ehrenamtliches Engagement fühlt sich auch nicht nach Mental Load an.

Und der Haushalt? Da bleibt für mich nicht sehr viel zu tun, wenn mein Mann einkauft, kocht, wäscht, bügelt, den Müll rausbringt, die Blumen gießt, die Abflüsse reinigt, Kleinreparaturen erledigt und renoviert, den Garten in Schuss hält, die Fenster putzt, die Kaffeemaschine regelmäßig entkalkt, den Sperrmüll entsorgt … Dass ich samstags mal durchsauge und wische, die nicht zu bügelnde Wäsche zusammenlege und mich im Allgemeinen um Papierkram und Geschenke kümmere, ist im Vergleich kaum erwähnenswert. Und wenn ich es hier so schwarz auf weiß geschrieben sehe, bekomme ich fast ein schlechtes Gewissen deswegen.

Okay, es gab Zeiten, da empfand ich die Belastung als deutlich höher. Mit Anfang dreißig war meine Selbstständigkeit gerade im Aufbau, ich hatte ein Kleinkind, mit dem allein schon das Schuhekaufen zur schweißtreibenden Herausforderung geriet, wir lebten mit meiner kranken Oma zusammen, und mein Mann hatte extrem familienunfreundliche Arbeitszeiten. In dieser Lebensphase konnte ich von Quality Time für mich selbst bloß träumen. Einfach mal in Ruhe ein Buch lesen? Undenkbar. Spontan mit einer Freundin ausgehen? Genauso wenig. Mein wöchentliches Highlight war die Chorprobe. Und selbst dafür musste erst einmal die Kinderbetreuung organisiert werden.

Ich kann mich also sehr gut in die Situation vollkommen überlasteter Frauen hineinversetzen. Aber ich weiß auch, dass es anders geht. Wenn man beispielsweise als Paar Kompromisse macht und sich als echtes Team begreift.

Natürlich wird mit den Jahren alles einfacher, allein schon wenn die Kinder größer werden.

In unserem Fall machte es einen Riesenunterschied, dass mein Mann seinen Job wechselte – weg von einem Hotelrestaurant, hin zu einem Job in einer Art Kantine.

Ich weiß sehr gut, dass das für ihn kein leichter Schritt war. Tolle Menüs für Hochzeiten oder aufwendige Buffets für Silvesterpartys zu kreieren, das ist für einen Koch natürlich eine ganz andere Herausforderung, als wöchentliche Speisepläne für die Gastronomie eines Möbelhauses zu planen. Aber freie Abende, Wochenenden und Feiertage waren nun mal ein unschlagbares Argument. Von dem nicht nur ich profitierte, sondern auch er selbst. Denn natürlich war es sein eigener Wunsch, mehr Zeit mit seinem Sohn zu verbringen und ihn nicht überwiegend dann zu sehen, wenn er schon oder noch schlief.

Mit anderen Worten: Je gleichmäßiger die Belastung verteilt ist, desto besser ist es für die ganze Familie. Nicht nur für Sie selbst!

Es hat also überhaupt nicht das Geringste mit Egoismus zu tun, wenn Sie versuchen, Ihren Mental Load zu reduzieren. Nein, Sie tun es für alle Familienmitglieder!

Und werden gleichzeitig leuchtendes Vorbild für die nachfolgende Generation Frauen und Männer sein. Die sich hoffentlich irgendwann gar nicht mehr vorstellen können, was Frauen in früheren Zeiten alles alleine schultern mussten. Als könnten Männer nicht genauso gut die Betten beziehen, aufräumen, an Geburtstage denken, den Nachwuchs beim Liebeskummer trösten, Arzttermine vereinbaren oder sich ums Wohlbefinden der Angehörigen kümmern. Denn natürlich können sie das!

Genau wie wir Frauen es schaffen können, Last abzugeben und mehr für uns selbst einzufordern. Mehr Zeit, mehr Geld, mehr Wertschätzung, mehr Spaß. Das haben wir uns verdient!

Teil 1:
Von wegen Multitasking ...

WIE WIR ES SCHAFFEN, UNS ZU ÜBERLASTEN UND DABEI ZU GLAUBEN, WIR HÄTTEN KAUM WAS GELEISTET

»Die Ehe ist ein Versuch, zu zweit mit den Problemen fertigzuwerden, die man allein niemals gehabt hätte«, sagte einst der amerikanische Komiker und Schriftsteller Eddie Cantor. Falls er damit die liebe Wäsche, die Geburtstagsgeschenke für die Schwiegereltern und das Laternenbasteln im Kindergarten meinte, ist seine Formulierung »zu zweit« allerdings recht optimistisch – denn nicht selten bleiben diese Aufgaben an den Frauen hängen. Vor allem aber das Drandenken! Von wegen: »Ihr könnt doch Multitasking« …

Nein, das ist ein Mythos – auch unsere Kapazitäten sind begrenzt, und wer Arbeit, Familie, Haushalt, Hobbys, Urlaub, Freizeit mit allen Aufgaben und Herausforderungen parallel jonglieren will, kommt früher oder später ins Straucheln. Auf Dauer führt das nämlich zu Stress pur und damit zu Überlastung und Unzufriedenheit. Das nennt man dann »Mental Load«.

Schalten wir einen Gang herunter – eins nach dem anderen. Geht übrigens viel schneller!

Alles gleichzeitig – Konfuzius und ich

Ich bin ein großer Fan von Sprichwörtern, Küchenweisheiten und schlauen Sätzen, die einem zur rechten Zeit klarmachen, wie die Dinge laufen sollten. Was nicht unbedingt bedeutet, dass ich ihren Inhalt auch umsetzen kann.

»Wenn du es eilig hast, geh langsam«, sagt beispielsweise der chinesische Philosoph Konfuzius (551–479 v. Chr.), womit er natürlich recht hat. Theoretisch. Praktisch bin ich trotzdem ständig zu spät für alles. Hektik ist mein Spezialgebiet. An tausend Orten (zumindest gedanklich) gleichzeitig zu sein, ist meine Kernkompetenz.

Aber es hilft natürlich nichts, wenn ich William zum Kieferorthopäden fahre, während ich darüber nachdenke, was ich noch fürs Abendessen einkaufen muss, und zwar am besten in der Zeit, in der ich sonst im Wartezimmer sitzen würde, weil ich es sonst nicht schaffe, Maria, seine Schwester, rechtzeitig von der Bahn abzuholen, was nicht gut wäre, weil sie wiederum zwanzig Minuten später schon wieder ebenfalls ins Training aufbrechen will, weshalb ich eigentlich schon gekocht haben sollte, das aber nun wirklich nicht möglich ist. Wir sind ein bisschen spät dran, weil die Hausaufgaben länger gebraucht haben, die Katze eine zu Recht hysterische Maus mit in die Küche gebracht hat und ich die Wäsche noch aufhängen wollte. Die ich – wie mir jetzt gerade einfällt – vor lauter Maus zwar in den

Wäschekorb gepackt, aber dann, nach Lillis (Kind Nummer drei) spitzem Schrei, in der Waschküche habe stehen lassen, wo sie den Nachmittag über vor sich hin trocknen wird. Oder auch nicht. Ich hoffe, ich denke daran, sie aufzuhängen, wenn wir wieder zu Hause sind, und muss mich nicht morgen oder übermorgen fragen, wie die feuchte und mittlerweile muffige Wäsche dorthin kam, weil ich die Maus und alles, was sich danach ereignete, bis dahin vor lauter anderen unvorhergesehenen Dingen längst vergessen haben werde. Stressbedingte partielle Amnesie ist mein zweiter Vorname. Es könnte auch durchaus sein, dass ich mich furchtbar über diese Wäsche aufrege und meine Kinder verdächtige, wieder einmal nachlässig und gleichgültig gewesen zu sein.

Und warum das Ganze? Weil ich keine Zeit habe. Für nichts. Dem Terminkalender immer hinterher bin, egal, wie gut ich plane. Dass ich arbeite und vier Kinder mit viertausend Terminen habe, ist keine Entschuldigung und nur bedingt eine Erklärung dafür, denn angeblich gibt es ja da draußen Mütter, die das alles hinkriegen. Auch wenn ich noch nie eine kennengelernt habe.

Aber all die Puffer, die ich mir abends in die Planung für den nächsten Tag einbaue, sind auf magische Weise spätestens bis zum Mittagessen aufgebraucht. Wenn morgens etwas fünf Minuten länger dauert, schiebt sich alles nach hinten. Spätestens um die Mittagszeit ist aus den fünf Minuten eine Viertelstunde geworden, um sich bis abends dann zu einer ganzen Stunde entwickelt zu haben.

Warum passiert mir das? Wie? Und geht es wenigstens ein paar anderen auch so?

»Mama! Du bist am Parkhaus vorbeigefahren!«, ruft William da vom Rücksitz mitten in meine inneren Fragen hinein. Und er hat recht. Bis ich einmal um den Block gefahren bin, um wieder dort zu landen, wo ich schon vorhin hätte sein sollen, und unterwegs an drei Ampeln halten musste, sind schon wieder zehn Minuten vergangen.

Aber immerhin habe ich jetzt eine Antwort gefunden: Es passiert mir, weil ich viel zu viele Dinge gleichzeitig im Kopf habe.

Ich habe aus ähnlichen Gründen Arzttermine auch schon verpasst, Kinder an Bushaltestellen stehen lassen, Kuchen im Backofen vergessen oder gar nicht erst gebacken, Geburtstage verschwitzt, ganze Tage mit dem furchtbaren Gefühl verbracht, dass ich etwas Wichtiges vergessen habe – ohne mich daran erinnern zu können, was es ist.

Oder – das ist fast mein Favorit – ich habe Dinge in meinen Kalender eingetragen, die ich später nicht mehr entziffern konnte. Das passiert mir wirklich ständig. Allein einen Kalender zu besitzen, hilft wenig bis gar nichts. Ich schreibe meine Termine zwar fast immer auf, zumindest, wenn ich einen Stift und den Kalender zur Hand habe, aber nicht selten an Tagen, an denen sie nicht stattfinden, oder in den falschen Monaten. Von Uhrzeiten sprechen wir am besten gar nicht. Ich kann auch Verabredungen ausmachen und die dann so eintragen, dass ich später keine Ahnung mehr habe, mit wem. Denn wenn beispielsweise die Zahnarzt-Sprechstundenhilfe am Telefon verkündet: »Hutzenlaub, 10. September, 16.00 Uhr«, dann steht es genauso in meinem Kalender. Wäre allerdings hilfreich, da würde nun nicht »Hutzenlaub« stehen, sondern der Name des Arztes, mit dem ich mich verabredet habe. Wie ich selbst heiße, weiß ich nämlich noch.

Beinahe erstaunlich. Während ich manches ab und zu vielleicht richtig notieren würde, klingelt bei mir aber schon wieder das Telefon, jemand an der Tür, ein Kind braucht sofort Hilfe bei einer Aufgabe, die unlösbar ist, aber die Mutter, die alles kann, außer korrekte Kalendereinträge zu erstellen, soll doch bitte jetzt, bitte gleich. Und schon habe ich mich verblättert, nicht richtig gelesen und … Jaja, immer sind die anderen schuld, schon klar. Konzentration heißt das Zauberwort.

Wenn ich wieder eine Verabredung vermasselt habe, fühle ich mich grässlich, entschuldige mich blumenreich und schwöre mir und meinem Gegenüber, dass das nie wieder vorkommen wird. Nun. Es wird. So viel ist schon mal klar. Verschlimmernd kommt noch hinzu, dass ich meine eigene Schrift nicht lesen kann. Nächstes Wochenende steht zum Beispiel am Samstag etwas drin, das ich bestenfalls als »STOMS« identifizieren kann. In meiner eigenen Handschrift. Nun ist es ja nicht so, dass ich mir selbst geheime Nachrichten schicken müsste, nein, ich könnte die Dinge einfach so aufschreiben, wie sie sind. Aber ich mache es nicht. STOMS könnte eine Abkürzung sein. Ein nicht zu Ende geschriebenes Wort. Eine Zahlenkombination von … irgendetwas, das nur aus Versehen so ähnlich aussieht wie Buchstaben. In meiner Not habe ich STOMS sogar gegoogelt. Nicht hilfreich. STOMS steht für Space Telescope Observatory Management System.

Eine hinweisgebende Uhrzeit war nirgends zu entdecken. Ich weiß also noch nicht einmal, ob es sich bei STOMS um eine Abendveranstaltung oder ein Frühstück handelt. Meinem Bruder, der sich an diesem Tag mit mir treffen wollte, habe ich jedenfalls prophylaktisch abgesagt.

Natürlich würde mir all das nicht passieren, wenn ich, wie von Konfuzius empfohlen, alles schön der Reihe nach, achtsam und mit meiner Aufmerksamkeit hundertprozentig im Moment tun würde. Aber jetzt mal unter uns: *Das* kann jemand?

In meiner Vorstellung ist Konfuzius ein korpulenter Chinese, der unbeweglich in einem Tempel sitzt und keine weiteren Aufgaben hat, als schlaue Dinge zu denken und zu sagen, während weitere kluge Menschen an seinen Lippen hängen, zustimmend nicken und seine Erkenntnisse für die Nachwelt notieren. Von hilfsbereiten Anhängern bekommt er mehrmals täglich eine asketische Suppe gereicht, bevor er sich zu einer Meditation zurückzieht und mit der einbrechenden Dämmerung schlafen geht. Toll. Könnte ich die knapp 2500 Jahre in der Zeit zurück und auf dem Globus frei herumreisen, würde ich gerne mal einen Realtalk mit dem Kerl führen. Ich meine, was macht er denn schon – außer denken? Wie viele Kinder hat er gehabt? Wie viele Millionen Essen gekocht? Kindergeburtstage gefeiert? Wie viele Katzen samt Mäusen hat er aus Küchen gejagt? Wie viele Zahnspangen, Socken, Turnbeutel hat er gesucht?

Ich kann mir schon vorstellen, wie er auf meine Empörung reagiert hätte: Gar nicht. Vielleicht würde ein sanftes Lächeln seine klugen Mundwinkel umspielen und er würde mich ein wenig mitleidig ansehen, um dann etwas sehr Schlaues zu sagen, was mir klarmachen würde, dass er das Leben begriffen hat – und ich nur so halb. Etwas wie: dass eine Maus in der Küche ein Wunder der Natur ist, das man bestaunen und daraus lernen kann. Nämlich zum Beispiel, wie wenig Einfluss wir darauf haben, was uns an Herausforderungen begegnet, aber durchaus darauf, wie wir damit umgehen.

Was das bedeuten soll? Keine Ahnung. Ich bin ja nicht Konfuzius, sondern nur die Mutter hier. Ach ja, apropos: Konfuzius hat auch Folgendes gesagt: »Wähle einen Beruf, den du liebst, dann brauchst du keinen Tag mehr zu arbeiten.«

Ich bin mir wirklich nicht sicher, ob er eine glückliche Mutter gewesen wäre.

Übrigens: An diesem einen Samstag mit dem STOMS-Eintrag ist rein gar nichts passiert. Keiner hat angerufen, um mich an eine »STOMS«-Verabredung zu erinnern. Niemand war beleidigt, weil ich nicht zum Stomsen erschienen bin, oder hat gefragt, was man wohl dazu anzieht. Ganz ehrlich: Da war ich beinahe ein bisschen enttäuscht.

Trotzdem versuche ich natürlich, mich weiterzuentwickeln, meinen Stresslevel und Mental Load zu verringern. Zeitmanagement ist das Zauberwort, hat man mir gesagt. Manches hilft, manches nur so halb. »So fließt alles dahin wie der Fluss ohne Aufhalten Tag und Nacht«, sagt Konfuzius. Klingt ein bisschen, als hätte ich wenig Einfluss darauf. Aber die Verantwortung abgeben zu dürfen, weil ich manches sowieso nicht ändern kann, entspannt mich doch auch sehr. Vielleicht weiß der alte Chinese ja doch, wovon er spricht.

Drei spannende Zeitmanagement-Methoden:

Not-to-do-Liste

Klingt merkwürdig, ist aber toll. Zumindest, wenn man sich daran hält. Ich unterbreche alles sofort, wenn das verführerische »Pling« ertönt, das eine neue Nachricht oder Mail auf meinem Handy ankündigt. Es hat etwas von einem pawlowschen Reflex, mit dem ich mein Smartphone in die Hand nehme und nachsehe, wer da was geschrieben hat. Meist ist es nicht so dringend, dass es nicht ein paar Minuten, Stunden oder gar bis zum Abend hätte warten können. Selbst wenn ich dann feststelle, dass es irrelevant war, ist meine Konzentration doch unterbrochen und ich habe kostbare Minuten verschwendet, die mir später fehlen. Ähnlich geht es mir, wenn das Telefon klingelt, und es tut meiner Fokussierung überhaupt nicht gut, wenn ich etwas zu essen oder einen Kaffee auf meinem Schreibtisch stehen habe. Dank meiner Not-to-do-Liste ist mein Smartphone in der Küche, damit mich kein »Pling« herausreißen kann. Ich esse in meinen selbstgewählten Pausen (dazu gleich die Pomodoro-Technik) und schaue mir da auch meine Nachrichten an. Außerdem steht auf meiner Not-to-do-Liste, mich beim Recherchieren auf keinen Fall in die unendlichen Jagdgründe des www hineinziehen zu lassen, selbst wenn die Themen, die sich dort anbieten, noch so spannend klingen. Meistens gelingt es mir. Und wenn nicht, habe ich bei meinem Ausflug in die virtuelle Welt garantiert etwas besonders Schönes, Aufregendes und Inspirierendes entdeckt.

Das Pomodoro-Prinzip

Benannt nach einem Küchenwecker, mit dem der Italiener Francesco Cirillo seine Zeit in Intervalle von 25 Minuten unterteilt hat. In dieser Zeit arbeitet er konzentriert und lässt sich auch von nichts anderem (schon gleich gar nicht von einem »Pling«) ablenken. Nach 25 Minuten gönnt er sich fünf Minuten Pause, um dann wieder durchzustarten. Durch die kurze Zeiteinheit fühlt sich der zu bearbeitende Berg nicht ganz so hoch an und lässt sich effektiver angehen. (Um den mentalen und emotionalen Berg zu bezwingen, gibt es auch noch andere tolle Methoden – siehe auch »Kaizen« im Kapitel »Ohne Männer ist es noch komplizierter!«) Durch die Pausen wird das Arbeitsintervall effektiver und durch das ausgeschaltete Smartphone sowieso alles besser. Ja, ich weiß, das Pomodoro-Prinzip habe ich auch schon in »Ich dachte, ich bin schon perfekt« beschrieben – aber es funktioniert eben auch einfach spitze – und das Rad nicht immer wieder neu erfinden zu müssen, erspart übrigens auch Zeit. Ganz sicher.

Die ALPEN-Methode
Dazu schreibt man abends die Aufgaben für den nächsten Tag auf (A) und versucht, ungefähr einzuschätzen, wie lange (L) man dafür braucht, und baut Puffer (P) ein, falls Unvorhergesehenes geschieht. In meinem Leben jedenfalls immer. Das Verhältnis von A zu P sollte ungefähr bei 60 zu 40 liegen. Es folgt (E) für die Entscheidung, die man bezüglich der Reihenfolge oder auch der Priorisierung trifft, und dann legt man am nächsten Morgen los.

Am Abend schaut man sich das Ganze an und zieht Bilanz. (N wie Nachkontrolle). Nach und nach übt man auf diese Weise, seine Zeit besser einzuschätzen und noch effektiver zu nutzen. Leider hat die ALPEN-Methode von Lothar J. Seifert mit den Bergen nichts zu tun. Und für mich ist das auch nur halb geeignet. Denn in der Zeit, in der ich mir das alles aufschreibe, kann ich doch auch im Internet recherchieren. Zum Beispiel weitere interessante Zeitmanagement-Tools wie die Kanban-Tafel, die ABC-Regel, die Eisenhower-Matrix, das Pareo-Prinzip, »Eat the Frog« und die 10–10–10 Regel.

Moment! Huch?! Schon wieder eine halbe Stunde vorbei?!

Heike

Wenn ich nicht alles selber mache …

Kennen Sie diesen Satz? Er ist ein Klassiker. Und leider hochgefährlich. Jedenfalls wenn es um das Thema Mental Load geht. Denn er führt bloß dazu, dass man es auch tatsächlich tut: alles selbst.

Meist wird er mit einem leichten Seufzen ausgesprochen. Und ohne den dazugehörigen Hauptsatz. Den kann man getrost weglassen, denn alle wissen ja, was gemeint ist. Nämlich: »Wenn ich nicht alles selber mache, dann wird es eh nicht gut, sondern endet im Chaos.«

Sie haben es sicher schon oft genug erlebt. Die anderen kriegen es einfach nicht hin! Jedenfalls nicht so perfekt wie Sie selbst. Und das, obwohl das Erklären schon länger gedauert hat, als wenn Sie es gleich erledigt hätten.

Wir kennen das alle: Da sind noch Tropfen in der Spüle. Und die Ecken wurden nicht gewischt. Und sooo legt man doch keine T-Shirts zusammen!

Ja, es ist wirklich schwierig, sich in solchen Situationen zu bremsen. Aber es lohnt sich, es zu lernen: aushalten, wenn etwas nicht perfekt ist. Denn wenn man es nicht tut, bleibt einem nichts anderes übrig, als wirklich alles selbst zu machen. Dabei sehnen wir uns doch eigentlich nach Entlastung …

Okay, ich kenne auch leidenschaftliche Hausfrauen, die es gar nicht dulden würden, wenn sich ein Partner oder eins der Kinder an »ihrem« Haushalt vergreifen würde. Und falls doch, wird nachpoliert, hinterhergewischt, noch mal drübergesaugt oder -gebügelt.

Kein Wunder, wenn die Bereitschaft der anderen Familienmitglieder, sich an den anfallenden Aufgaben zu beteiligen, rasch schwindet.

In solchen Fällen ist »Wenn ich nicht alles selber mache« eher ein verkapptes Eigenlob und bedeutet: »Niemand ist so gut wie ich.«

Wer keine Hilfe möchte, dem sollte man sie auch nicht aufdrängen. Falls Sie jedoch anders ticken und sich wirklich mehr Unterstützung wünschen, habe ich hier ein famoses Positivbeispiel für Sie:

Meine Freundin Henny hat nicht nur einen Mann und fünf Kinder, sondern leitet auch eine Grundschule. Als ihre Haushaltshilfe kündigte, beschloss sie: Die Wäsche ist ab sofort der Job des Nachwuchses.

Der älteste Sohn war damals neunzehn, die Jüngste acht. Furchtbar begeistert waren sie allesamt nicht von der neuen Aufgabe, aber sie haben eingesehen, dass Henny die Wäsche nicht auch noch übernehmen konnte. »Außerdem war das Ganze eher ein Angebot«, erklärt sie. »Statt die Haushaltshilfe zu bezahlen, bekamen die Kinder zusätzliches Taschengeld. Das kam grundsätzlich gut an.«

Die fünf hatten also einen neuen Job – und das mit allen Konsequenzen. Wenn sie die Wäsche nicht erledigten, war eben nichts Sauberes zum Anziehen da.

»Ich habe die Verantwortung für das Projekt Wäsche zwar abgegeben, aber gesteuert«, erzählt Henny. »Damit nichts verfärbte oder einlief, habe ich vorsortiert und mich um gute Wollpullis und dergleichen selbst gekümmert. Und es war klar festgelegt, wer wofür zuständig war. Natürlich habe ich die Aufgaben altersgerecht verteilt.«

Der Plan sah folgendermaßen aus: Der Siebzehnjährige bestückte die Maschine und schaltete sie ein. Keine große Arbeit, aber ein sehr verantwortungsvoller Job, denn wenn er das nicht tat, blockierte er den Rest der Kette.

Der Zweitjüngste hängte die Wäsche zum Trocknen auf. »Anfangs warf er die Kleidungsstücke einfach kreuz und quer über die Leine. Wie man sie einigermaßen ordentlich mit Klammern befestigt, musste er erst noch lernen«, erzählt Henny. »Auch dass man sie im Sommer nicht ewig in der Sonne hängen lässt, bis sie viel zu trocken, bretthart und kaum noch zu glätten sind.«

Der Mittlere der Geschwister nahm die Wäsche ab und legte Handtücher, Socken und Unterwäsche zusammen. Der Älteste übernahm das Bügeln, die kleine Schwester schließlich war die Wäschefee: »Sie verteilte die sauberen Sachen in den jeweiligen Zimmern. Wegräumen musste jeder selbst.«

Die Kinder kriegten es hin. Nicht perfekt, nicht immer so, wie Henny es gemacht hätte, und auch nicht immer sofort – aber da musste sie eben durch!

»Das Timing hat anfangs nicht immer gestimmt«, erinnert sie sich. »Das war ein Lernprozess.« Die fünf waren ja Teil eines Gefüges, einer war vom anderen abhängig. Sie begriffen schnell: Wenn nicht jeder mithilft, funktioniert es nicht, dann reißt die Kette.

»Das Projekt lief ungefähr drei Jahre lang, und insgesamt werte ich es auf jeden Fall als Erfolg«, sagt Henny.

Natürlich haben alle fünf Kinder dabei auch in Sachen

Haushalt viel für ihr weiteres Leben gelernt, aber vor allem ist ihnen in Fleisch und Blut übergegangen, wie Teamwork funktioniert.

Und Henny selbst? Hat definitiv gelernt, dass der Satz »Wenn ich nicht alles selber mache« auch ganz anders weitergehen kann. Nämlich: »Dann geht die Welt ganz sicher nicht unter. Und dann geschehen auf einmal ganz spannende Dinge.«

Zur Nachahmung empfohlen. (Denn Arbeit abgeben, das funktioniert auch, wenn man keine fünf Kinder hat! Mehr dazu im Kapitel *Last abladen – aber wohin?*)

Weil es so ergiebig ist wie ein großes Paket Waschmittel, greife ich das Thema Wäsche noch einmal auf.

Nicht dass das mein Lieblingsthema wäre. Aber sie muss nun mal erledigt werden. Und wenn, dann möglichst effektiv. Weshalb ich eines Tages vier Wäschekörbe anschaffte: zwei blaue für 30-Grad-Wäsche (einmal hell, einmal dunkel) und zwei silberfarbene für die 60-Grad-Wäsche. Was voll war, sollte jeweils als Nächstes gewaschen werden, ohne lästiges Vorsortieren.

Ist das nicht wunderbar durchdacht? Praktisch? Schlichtweg sensationell?

Tja, wenn mein Mann insgeheim nicht so ein Rebell wäre, hätte das auch super geklappt. Aber er boykottierte mein großartiges System. Nicht, um mich zu ärgern, sondern weil er einfach nicht anders konnte. Er tickt so nicht.

Das begriff ich allerdings erst nach etwa einem halben Jahr. Sechs Monate lang schimpfte und fluchte ich, was das Zeug hielt. Schon wieder lauter dunkle Wäsche in der Sechzig-Grad-Box für Helles und umgekehrt!

Irgendwann begriff ich: Wir könnten darüber jetzt bis ans Ende unserer Tage streiten. Oder es bleiben lassen.

Also beides: das Streiten. Und das System.

Die Idee an sich war gut. Aber sie funktionierte nicht – jedenfalls nicht bei uns. Das musste ich einsehen. (Sie dürfen sie gerne übernehmen. Ich drücke Ihnen die Daumen.)

Übrigens ist mein Mann jetzt allein für die Wäsche zuständig. Ich lege nur noch zusammen und räume weg. Problem gelöst!

Als Alleinerziehende von Zwillingen hat meine Freundin Sonja niemanden, der sie im Haushalt unterstützen könnte. »Meine Eltern waren schon alt und sehr krank, als die Kinder klein waren, außerdem wohnten sie sehr weit weg. Sie standen also noch nicht einmal als Babysitter zur Verfügung«, erzählt sie.

Andererseits kam ihr auch niemand in die Quere – sie konnte alles so erledigen und organisieren, wie es ihr selbst in den Kram passte. Einschließlich der Entscheidung, was sie eben *nicht* erledigte!

»Ich kann gut Sachen liegen lassen, vor allem im Haushalt«, sagt sie. »Da bin ich sehr pragmatisch. Mir hat das immer geholfen. Ich glaube nämlich, das Problem der Überlastung kommt häufig von einem zu hohen, perfektionistischen Anspruch.«

Ich denke, da hat Sonja absolut recht! Denn niemand ist perfekt, und wer es dennoch versucht, muss zwangsläufig scheitern.

Vielleicht sollten wir darüber mal ein Buch schreiben, was meinst du, Lucinde? Wobei – warte: Haben wir ja schon …

Murphy's Law gilt auch im Haushalt

Alles, was schiefgehen kann, wird früher oder später schiefgehen – so will es das Gesetz des US-amerikanischen Ingenieurs Edward A. Murphy über menschliches Versagen und Fehlerquellen in komplexen Systemen. Und kennen Sie ein komplexeres System als eine Familie?

Ob Sie selbst, Ihr Partner oder Ihre Partnerin, die Haushaltshilfe oder die lieben Kinder – jedem geschieht einmal ein Missgeschick. Sei es die rote Socke in der Weißwäsche oder der Kuchen, der mit zweihundert Gramm Salz und einer Prise Zucker gebacken wurde …

Natürlich sind eingelaufene Kaschmirpullis ärgerlich. Genau wie zerbrochene Kristallvasen. Und erst das Handy im Klo …

Sie können sich darüber maßlos ärgern und davon schlechte Laune und massenhaft Falten kriegen. Oder sich darüber amüsieren. Schließlich taugt jedes Missgeschick irgendwann auch zu einer guten Story, über die man noch Jahre später lachen kann.

»Weißt du noch damals, als du versehentlich die Herdplatte angeschaltet hast, auf der das Plastik-Schneidebrett lag statt dem Topf …«

»Erinnerst du dich noch an das Gulasch, bei dem

du aus Versehen Cayennepfeffer genommen hast anstelle von Paprika?«

»Oh, und weißt du noch, wie du mal im Hochsommer die Schokolade im Handschuhfach vergessen hast? Das war vielleicht eine Sauerei …«

»Genau wie damals, also du Gemüsesuppe machen wolltest und vergessen hast, den Deckel auf den Mixer zu tun.«

»Wie war das noch damals mit den Steaks – du hast sie in Spülmittel gebraten statt in Öl, oder?«

»Aber noch schlimmer waren die Berliner mit Senffüllung …«

Gerade weil ich selbst ein großes Talent für solche kleinen und mittleren Katastrophen habe, reagiere ich immer sehr milde, wenn anderen etwas in der Art passiert. Ich freue mich sogar darüber! Denn das zeigt mir, dass ich nicht die Einzige bin, die Chaos verbreitet.

Oder anders gesagt: Auch was Missgeschicke betrifft, muss ich nicht alles selber machen …

Ohne Männer ist es noch komplizierter!

Murphy und ich sind zwangsläufig allerbeste Freunde, denn er begegnet mir ziemlich regelmäßig, und ich habe gelernt, seine Präsente bestenfalls als Geschenk zu sehen – und schlimmstenfalls als Gelegenheit, an meiner Flexibilität zu arbeiten. Dank ihm habe ich tatsächlich die allerschönsten Pulswärmer, die aus diversen eingelaufenen und dann abgeschnittenen Kaschmirpulliärmeln entstanden sind. Aufgrund des Versuchs meiner Tochter, einen Smoothie aus gefrorenen Waldbeeren in einem Mixer zu machen, dessen Deckel nur halb zugeschraubt war, haben wir außerdem ein komplett frisch gestrichenes Haus, denn wenn man schon mal dabei ist …

Das Gute in solchen und anderen Situationen ist ja, dass es bewältigbare Lösungen dafür gibt. Denn eines ist klar: Das Leben wird immer Herausforderungen für uns bereithalten – große und kleine, nachhaltige und welche, die wir im Vorbeigehen hinter uns lassen, planbare und unvorhergesehene. Egal, ob wir nun einen Partner haben, der sich mit uns Gedanken darüber macht, oder wir nun wirklich das ganze Haus streichen sollten, oder ob wir alleine sind. Ob wir viele oder gar keine Kinder haben.

Ich bin ein total lösungsorientierter Mensch (der beste Beweis sind die Stulpen), aber manchmal auch ein bisschen …

vorschnell. (Was man daran sieht, wie viele Stulpen es wirklich sind – und wenn man bedenkt, dass vielleicht der eine oder andere Pulli noch zu retten gewesen wäre.) Ich gebe zu, dass ich manchmal sehr gerne einfach Entscheidungen treffe, die ein wenig … übereilt daherkommen. Man sagt mir nach, ich sei ungeduldig. Nun, ich finde, ich bin effektiv und kreativ. Ich mag Lösungen, die schnell gehen und das Problem aus der Welt schaffen. Mein Mann hingegen löst Probleme, die in unserem Haus entstanden sind, für die Ewigkeit – und so lange braucht es auch, bis er sie umgesetzt hat.

Neulich war unser viereckiger, perfekt in die Müllschublade unter der Spüle neben Restmüll und Plastik eingepasster Biomülleimer undicht, weil irgendjemand ihn irgendwo dagegengedonnert hatte. Nun lief die braune Soße aus, was ich persönlich ziemlich eklig fand. Weil die Eimer in ihrer Form und Größe irgendwelche Spezialanforderungen erfüllen müssen (Augen auf bei der Küchenplanung), konnte man sie nicht so einfach nachkaufen. Es gab schlicht keine mehr. Kurzerhand entsorgte ich den Eimer dennoch und stellte eine Schüssel auf die Spüle, in der ich ab sofort den Biomüll zu sammeln gedachte. Gut, die beiden anderen Mülleimer standen nun nicht mehr ganz so stabil und kippten gern mal um, aber auch dafür würde sich sicher eine Lösung finden. Gerade als ich noch überlegte, sie ebenfalls zu entsorgen und die Schublade einer neuen Funktion zuzuführen oder gar irgendwelche anderen Eimer zu finden, die auch irgendwie da reinpassten, kam mein Mann mit dem alten Eimer an, den er aus der Tonne geholt hatte. So was kann ich ja leiden. Er reinigte ihn gründlich, tupfte ihn liebevoll trocken und umschloss ihn schließlich mit mehreren Schichten wasserabweisendem Klebeband an der Bruchstelle, goss von innen irgendein selbsthärtendes Klebematerial dagegen und ließ das Ganze dann stolz auf unserer Spüle trocknen. Zeitaufwand: mit Warten drei Stunden. Mittlerweile hatte ich im Internet einen Anbieter in Italien gefunden, der noch einen solchen Eimer hatte und bereit war, ihn uns zu einem beeindruckenden Preis zu überlassen. Ich bestellte sofort. Dann ging ich zum Sport, Einkaufen und traf mich mit meiner Single-Freundin Anna auf einen Kaffee. Ich kam exakt in dem Moment nach Hause, in dem mein Mann mir verkündete, dass der Mülleimer nun wieder so gut wie neu sei. Ja. Das war er tatsächlich. Und mein Mann war beleidigt, weil ich einfach so einen neuen gekauft hatte. Er hat recht: Es ist gut, Dinge zu reparieren, anstatt sie wegzuschmeißen, aber ... ehrlich: Was hätte mein Mann in dieser Zeit alles machen können? Schöneres? Lustigeres? Dinge mit mir? Das silberne Klebeband sieht außerdem furchtbar aus, und wie lange hält das Ganze überhaupt?

Nun. Es hält. Seit beinahe einem Jahr. Es sieht immer noch furchtbar aus, aber es ist dicht. Und jedes Mal, wenn irgendjemand den Eimer runter zur Tonne bringt, wacht mein Mann mit Argusaugen darüber, dass derjenige ihn auch wieder mitbringt, und dann weiß ich genau: Der Eimer wird noch hier sein, wenn wir längst nicht mehr da sind. Aber wenigstens durfte ich den neuen Eimer behalten. Für den Notfall. Und weil es noch komplizierter gewesen wäre, ihn wieder zurückzuschicken.

Meine Freundin Anna lacht mich aus, wenn ich ihr solche Geschichten erzähle. Sie würde viel dafür geben, jemanden an ihrer Seite zu haben, mit dem sie Alltägliches teilen und weniger Alltägliches besprechen kann. Sie ist seit drei Jahren geschieden, hat drei Teenagersöhne, arbeitet halbtags als Physiotherapeutin in der Klinik, und das Haus, in dem sie wohnt, gehört ihr zur Hälfte. Die andere Hälfte gehört ihrem Ex-Mann Mike, der sich ganz klassisch irgendwann selbst finden wollte und dann überraschend eine Zweitfamilie mit seiner Assistentin gründete. Mike fällt für Haus- und Teenagerfragen flach, denn er hat nun eine zweijährige Tochter, bei der er alles anders und besser machen will, was vor allem bedeutet, dass er sich für sein altes Leben nicht mehr wirklich interessiert.

»Weißt du, Lucinde, nicht alles alleine entscheiden zu müssen, nicht die komplette Verantwortung auf den eigenen Schultern zu tragen und Konsequenzen einfach mal auch außerhalb meines Kopfes abwägen zu können, und zwar mit jemandem, den es wirklich interessiert – das wäre das Schönste auf der Welt für mich.« Ich verstehe sie. Immerhin regelt sie wirklich komplett alles allein, ist Mutter und Vater gleichzeitig, verdient ihren Lebensunterhalt und einen Teil von dem ihrer Kinder, sorgt für später vor und plant jetzt schon, wie sie ihren Kindern ein Studium ermöglichen kann. Pausen oder gar ein Ausfall aufgrund von Krankheit gehen auf keinen Fall.

»Und das, was zu tun ist, ist gar nicht mal so schlimm – es sind all die Gedanken in meinem Kopf, die mir manchmal Angst machen und manchmal auch nur alles da oben verstopfen. Wenn einer meinen Wasserhahn reparieren will: bitte sehr. Wenn er sich danach auch noch über andere Dinge mit mir unterhält, umso besser. Ich bräuchte dringend mal eine Pause! Aber noch nicht einmal Ferien sind entspannend. In Baden-Württemberg haben wir 61 feste Ferientage, plus fünf bewegliche – das sind mehr als zwei Monate! Und wenn ich die Jungs da zu Hause lasse und arbeiten gehe, dann weiß ich doch genau, dass sie die ganze Zeit zocken! Dann habe ich ein schlechtes Gewissen und kann doch nichts ändern. Aber was ist die Alternative? Ich schaffe es ja noch nicht einmal, sie zum Eishockey zu fahren. Das hat Mike immer gemacht. Und außerdem: Die drei brauchen doch ein männliches Vorbild, wie soll ich denn das alles leisten?«

Nicht dass ich finde, dass Mike sich sehr zum Vorbild eignet, aber immerhin war er derjenige, der wollte, dass die Jungs Eishockey spielen, früher bei jedem Spiel dabei war und sie in die Eishalle zu allen großen Spielen geschleppt hat. Aber seit drei Jahren: Funkstille. Ich konnte Mike sowieso noch nie leiden, ganz ehrlich. Er nimmt die Jungs schon mal mit in irgendwelche Ferien, aber nie alle drei, und da er mit seiner neuen Familie noch nicht auf Schulferien angewiesen ist, fährt er eben dann, wenn es günstiger ist. Tja. Pech, Jungs – und Pech, Anna.

Sie schüttelt den Kopf. »Ich hätte ja echt gern auch einen neuen Partner, aber wann und wie soll ich den denn kennenlernen? Die einzige Möglichkeit ist bei der Arbeit oder auf den Elternabenden von Kai, Leo oder Max. Oder ich nehme gleich einen ihrer Klassenlehrer, da kann ich dann wenigstens das Elterngespräch am Frühstückstisch führen.« Ihr Lachen klingt nicht froh, und sie tut mir wirklich leid. »Ich würde so gern was ändern, Lucinde. Aber wenn ich nur an die Auseinandersetzungen mit Mike denke, wird mir schlecht. Aber Homeoffice als Physio? Sehr witzig!«

Ich wünschte wirklich, ich könnte helfen. Dass sie all das schaffen wird, das weiß ich. Immerhin ist sie eine tolle, unabhängige und starke Frau. Die Frage ist nur: Zu welchem Preis?

Eine Idee für Anna habe ich allerdings doch. Sie könnte ihr Leben vielleicht nicht sofort verändern, aber dafür auf Dauer. Denn wie ja oben schon bemerkt, können wir an den täglichen Herausforderungen nichts drehen. Aber an der Art und Weise, wie wir damit umgehen, schon. Selbst wenn sich die Probleme und Belastungen manchmal unbewältigbar anfühlen. Ich kenne da nämlich einen Trick …

Kennen Sie Kaizen?

Nein? Nicht schlimm. Ich habe es auch erst neulich entdeckt, dabei ist Kaizen absolut nicht neu. Kaizen wurde nämlich inspiriert oder vielleicht sogar erfunden von meinem neuen besten Philosophenfreund Konfuzius. »Wer Berge versetzen will, muss mit kleinen Steinen beginnen«, hat er nämlich gesagt. Und: »Es ist gleichgültig, wie langsam du gehst, solange du nicht stehen bleibst.« Das mag wieder einmal nicht besonders spektakulär klingen, das Ergebnis ist es aber. Doch der Reihe nach:

Kaizen ist ein methodisches Konzept aus der Industrie, genauer gesagt aus der Prozessoptimierung. »Kai« bedeutet so viel wie »Veränderung« und »Zen« »zum Besseren«. In Europa wurde Kaizen unter dem

Begriff »kontinuierlicher Verbesserungsprozess« (kurz KVp) eingeführt. In Japan ist es eine selbstverständliche Herangehensweise an berufliche Herausforderungen, persönliche Probleme, aber auch schlicht an das Leben im Allgemeinen. Dabei geht es darum, anstelle von großen Sprüngen zu einem Ziel hin nahezu winzige Schrittchen zu machen, die kaum sichtbar sein müssen, aber auf Dauer eine große Veränderung herbeiführen. Und dafür gibt es einen Grund:

Große berufliche oder private Veränderungen oder zu bewältigende Probleme verunsichern uns und machen oft Angst. Auch unsere Reaktion darauf ist eine ziemlich alte Geschichte.

Achtung, jetzt kommt ein Ausflug in die Biologie: Für die Wahrnehmung unserer Emotionen und unser Affektverhalten ist nämlich die Amygdala zuständig, der sogenannte Mandelkern, und das war sie auch schon, als wir noch mit Lendenschurz bekleidet durchs Unterholz gepirscht sind. Wenn von dort aus (von der Amygdala, nicht vom Unterholz ☺) der Impuls einer Bedrohung an unser vegetatives Nervensystem gesendet wird, reagiert unser Körper reflexartig. Und zwar exakt wie früher, als allerdings die Bedrohungen noch ganz anders geartet waren: Was damals der fiese Säbelzahntiger war, ist heute die Kündigung, die Trennung, die Entscheidung, zwanzig Kilo abzunehmen, oder schlicht die dringende Notwendigkeit, etwas Maßgebliches in unserem Leben zu verändern. Damals wie heute reagiert unser vegetatives Nervensystem, genauer gesagt der Sympathikus, sofort mit dem sogenannten »Fight, Flight or Freeze«-Reflex. In unserer modernen Welt gibt es keine Tiger, mit denen wir kämpfen (fight), vor denen wir fliehen (flight) oder bei denen wir so tun müssten, als seien wir ein nicht essbarer Bestandteil der Umgebung (freeze). Der moderne Mensch flieht oder verharrt regungslos auf seine Weise vor seiner »Bedrohung«: Er surft stundenlang im Internet, legt sich mit Eiscreme auf die Couch oder versteckt sich schlicht zu Hause, verschmilzt mit der Umgebung, wo er sich keiner Konfrontation oder Veränderung stellen muss. Unsere Bedrohungen sind glücklicherweise meist nicht lebensgefährlich, aber dennoch groß. Und weil uns manchmal der Berg, den wir für die Überwindung erklimmen müssten, so hoch erscheint und der Gipfel so weit entfernt, gehen wir gar nicht erst los.

Und da kommt Kaizen ins Spiel: Die Methode überlistet die Amygdala und somit auch den Sympathikus. Es nimmt den Druck raus und schrumpft das Ziel, sodass sich der Widerstand auflöst. Das funktioniert, indem man sich heimlich und leise in unser Gehirn schleicht, anstatt mit großem Gebrüll davorzustehen und Einlass zu fordern.

Anstatt sich unter Druck zu setzen, 20 Kilo abzunehmen oder zu kündigen und eine neue und viel besser bezahlte Stelle zu finden, kann man das Ganze aufbrechen und in winzige Etappen unterteilen, die bewältigbar sind. »Downchunking« auf Neudeutsch.

Bleiben wir beim Berg: Anstatt nach oben zu sehen und zu sagen: »Das schaffe ich nie!«, gehen wir heute einen Schritt. Und morgen den nächsten. Für kleine Schritte gibt es auch in unserem vegetativen Nervensystem nämlich keine Entschuldigung. Vielleicht sind wir nicht in Rekordzeit oben angekommen – aber wir sind oben. Und mittendrin haben wir uns vielleicht sogar ab und zu umgesehen und waren erstaunt, was wir alles schon geschafft haben.

Anna, die geschiedene Physiotherapeutin, hat dazu selbst eine tolle Geschichte von einem Patienten aus der Klinik erzählt, den sie nach einem Autounfall betreut hat. Im Krankenhaus sagte man ihm, dass er vielleicht nie wieder würde gehen können. Für ihn, der in diesem Moment noch nicht einmal alleine stehen konnte, war diese Vorstellung natürlich unglaublich beängstigend. Beinahe so beängstigend und unvorstellbar allerdings, wie wieder laufen zu müssen. Vor lauter Angst machte er zunächst gar nichts, lag im Bett und beschäftigte sich mit dem Kreislauf aus zu hohen Erwartungen, Versagen und Angst.

Schließlich half Anna ihm dabei, sich kleinere Ziele zu setzen. Das, was er sich sicher zutraute, war, sich mit Hilfe des automatischen Bettes alleine aufzusetzen. Damit begannen sie. Dann saß er irgendwann ohne Unterstützung, richtete sich schließlich alleine auf, stand, machte einen ersten Schritt – und lief nach beinahe einem ganzen Jahr in Therapie schließlich tatsächlich. Großartig, oder? Das, was am Anfang unvorstellbar und beinahe wie ein Wunder schien, war durch winzige, kontinuierliche Verbesserungen und Weiterentwicklungen erreicht.

Nur am Rande: Ist es nicht interessant, dass Anna so klar erkannt hat, was ihr Patient braucht, aber für sich selbst dazu nicht in der Lage ist? Ich will ja nur mal wieder erwähnen, wie wichtig und hilfreich gute Freunde oder aufmerksame Therapeuten sind, die einem ab und zu diesbezüglich vielleicht die Augen öffnen …

Um mit dieser Methode auch unsere Ziele zu erreichen, müssen wir uns zunächst also eine Reihe von Fragen stellen:

- Was möchte ich erreichen?
- Warum möchte ich es erreichen?
- Wie würde es sich anfühlen, wenn ich dieses Ziel erreicht habe? (Diese Fragen sind schon allein für unsere Motivation wichtig.)
- Was könnte eine Zwischenetappe sein?
- Womit würde ich mich dann belohnen?
- Und vor allem: Was ist der kleinstmögliche erste Schritt?

Leichter fällt es vielleicht, wenn wir unser Ziel anhand der folgenden Tabelle immer weiter reduzieren, so lange, bis wir den Anfang unseres roten Fadens, unseren ersten kleinen Schritt gefunden haben – und uns später dann, wenn wir uns Schritt für Schritt in die richtige Richtung bewegt haben, darüber freuen können, wie viel wir schon geschafft haben.

Was ich erreichen möchte:	Um das zu erreichen, muss ich:	Um das zu erreichen, muss ich:	Um das zu erreichen, muss ich:	Um das zu erreichen, muss ich:

Mein erster Schritt:

____

____

____

____

____

____

Meine Bilanz nach einer Woche:

Nach einem Monat:

Nach einem halben Jahr:

Übrigens: Anna hat Kaizen auf ihr Leben angewandt. Anstatt zu erwarten, dass Mike ihr die Jungs in den Ferien abnimmt (und in dem Wissen, dass er es sowieso nicht tun wird), hat sie die Jungs gefragt, ob sie denn überhaupt gern mit ihm Zeit verbringen wollten. (Und wie!) Dann hat sie ihnen die Verantwortung für den Kontakt zu ihrem Vater übergeben und ihnen vorgeschlagen, ihn zu fragen, ob er nicht mal zu einem Eishockeyspiel mit ihnen gehen will.

Das hat super geklappt. Denn offensichtlich hatte Mike dazu große Lust. Er wollte nur nicht in sein altes Haus, mit seiner Ex-Frau ständig über die Kinder sprechen und all das, was er da angerichtet hatte und überhaupt. Erkennen Sie es? Eine klassische Säbelzahntigersituation, der er da ausgewichen ist. Die Verantwortung auszulagern, das Verantwortungsgefühl mal loszulassen und sich nicht um alles selbst kümmern zu müssen, hat Freiheit geschaffen. Erleichterung. Und das Bewusstsein, dass Veränderung möglich ist. Eben Schritt für Schritt. Das weiß Anna jetzt. Und seit dem Erfolgserlebnis mit ihren Kindern demnächst auch ihr Chef, den sie um ein Gespräch gebeten hat. Ich bin sehr gespannt, was als Nächstes passiert.

Wenn das Drandenken nicht so anstrengend wäre!

»Und was machen Sie so beruflich?«, fragt die humorlose Karrierefrau mit einem gewissen Unterton. Sie wissen schon – leicht herablassend und irgendwie siegesgewiss (weil jeder Small Talk für sie ein Wettbewerb ist).

Die Antwort kennen Sie alle: »Ich führe ein sehr erfolgreiches kleines Familienunternehmen.«

Dieser Dialog stammt aus einer rund zwanzig Jahre alten Staubsauger-Werbung, die damals ganz herzerfrischend und sympathisch wirkte. Was für ein Rollenbild darin transportiert wird, ist mir erst mit einiger Verspätung klar geworden.

Die patente Heldin dieses Werbespots hat ihr Leben perfekt im Griff – Haushalt top, Ehe glücklich, Kinder wohlgeraten, sie selbst ausgeglichen und gutaussehend. Von Überlastung keine Spur. Und mit dem Stichwort »Familienunternehmen« nimmt die perfekte Hausfrau der Businesslady souverän den Wind aus den Segeln. Okay, das ist schon eine coole Reaktion. Aber …

Ignorieren wir mal die Tatsache, dass hier berufstätige Frauen und Stay-at-Home-Moms gegeneinander ausgespielt werden, was sowieso dämlich ist. Und auch die Tatsache, dass kein Staubsauger der Welt so happy machen kann.

Schauen wir stattdessen auf den Vergleich. Hinkt der nicht gewaltig? Nichts gegen die Leistung von Unternehmerinnen und Unternehmern, aber stehen die etwa nachts auf, weil jemand aus ihrem Team Albträume hat? Oder – schlimmer noch – die Magen-Darm-Grippe? Müssen sie ihren Leuten den Wecker stellen, damit sie auch pünktlich am Arbeitsplatz erscheinen? Ihnen ausgewogene Mahlzeiten kredenzen? Sich ihre Sorgen anhören? Mit ihnen Vokabeln üben? Sie zum Klavierunterricht fahren? Dafür sorgen, dass sie dort nicht schon wieder aufkreuzen, ohne vorher geübt zu haben? Geburtstagsgeschenke für ihre Freunde besorgen? Sie bei Liebeskummer trösten? Termine für ihre Vorsorgeuntersuchungen vereinbaren? Das abendliche Zähneputzen überwachen? Ihnen den Nacken massieren, wenn sie mal wieder furchtbar gestresst sind? Mit ihnen über den Zustand ihres unaufgeräumten Zimmers diskutieren? Sie daran erinnern, sich bei Tante Agathe für die Gelee-Eier im Osterpäckchen zu bedanken, obwohl sie einfach widerlich geschmeckt haben? Bergeweise Marmelade kochen, weil der Gatte das so von zu Hause gewohnt ist und keine gekaufte mag? Sie zu coolen Partys kutschieren, aber ums Eck schon anhalten, weil alles andere megapeinlich wäre? Und dabei immer recht freundlich bleiben, weil man die eigenen Launen ja nicht an der lieben Familie auslassen soll?

Oh, ich könnte unendlich so weitermachen. Sie vermutlich auch. Aber das ist gar nicht nötig, denn Sie sehen ja längst, worauf ich hinauswill: Das mit dem »kleinen Familienunternehmen« ist die Untertreibung des Jahrhunderts! Während man als Chef:in delegieren kann, geht es Familienmüttern genau umgekehrt – sie laden sich die Last aller anderen auf. Sie sind Geschäftsführerin, Assistentin, Projektleiterin und Praktikantin zugleich. Und genau das ist mit Mental Load gemeint.

Nicole kann ein Lied davon singen. Und das, obwohl ihr Mann sich nach der Geburt des gemeinsamen Sohnes sogar die Elternzeit mit ihr geteilt hat. Inzwischen ist der Filius im Kindergarten, Nicole und ihr Mann arbeiten beide wieder voll, und sie macht nebenbei sogar noch eine Ausbildung.

»Bei uns ist immer was los, und das finde ich eigentlich auch gut, denn ich bin kein Typ, der sich gern dem süßen Nichtstun hingibt. Aber inzwischen habe ich immer öfter das Gefühl, auf zu vielen Hochzeiten zugleich zu tanzen. Mich regelrecht zu zerreißen.«

Zwar hat die erprobte Multitaskerin ihren Anspruch an Perfektion deutlich heruntergeschraubt, seit das Kind da ist, aber die Überforderung ist dennoch spürbar: »Irgendwie werde ich gar keinem mehr gerecht, weder dem Job noch dem Kind und der Beziehung, geschweige denn dem Haushalt.«

Dabei haben sie und ihr Mann die Hausarbeiten fair aufgeteilt. Auch was die Aktivitäten des Sohnes betrifft, von Schwimmen über Kindergarten und Musikschule bis zum Kinderturnen – jeder übernimmt die Hälfte.

»Aber die Organisation des Ganzen bleibt an mir hängen. An- und Abmeldungen, Terminvereinbarungen oder -verschiebungen und so weiter, das erledige ich. Auch Gespräche im Kindergarten oder so was wie Geschenke besorgen.«

Es sind eigentlich nur Kleinigkeiten, aber wenn sie sich häufen, wird es Nicole einfach zu viel. Mit dem Ergebnis, dass sie sich oft gestresst fühlt. »Ich lebe quasi permanent in der Angst, etwas Wichtiges zu vergessen. Die eigentliche Belastung besteht darin, dass ich andauernd an so viele Dinge gleichzeitig denken muss.«

Auch Hanna fand es immer superanstrengend, in der Familie für alles zuständig zu sein und immer alles wissen zu müssen. Wer hat wann Geburtstag? Wer braucht welches Buch für die Schule? Wo sind die Socken?

»Wenn die Kinder etwas brauchten, wären sie nie auf die Idee gekommen, den Papa danach zu fragen«, erzählt sie. »Mein Mann konzentrierte sich lieber darauf zu checken, ob ich auch alles richtig gemacht habe. Waren sie in der Musikschule? Haben sie die Hausaufgaben erledigt? Klavier geübt? O ja, theoretisch hat er sich leidenschaftlich um solche Dinge gekümmert, aber in der Praxis war er keine Hilfe.«

Hanna hat vergeblich versucht, ihrem Mann zu erklären, warum die Situation für sie so belastend war.

»Dann sag mir doch, was ich machen soll«, verlangte er, wenn sie mehr Unterstützung einforderte.

»Aber genau das ist doch das Problem! Wenn ich ihm sage, was er tun soll, dann muss ich ja trotzdem dran denken.«

Ja, Mental Load lässt sich nicht durch Argumente verringern, nur durch Taten. Hanna hat sich schließlich für eine recht radikale Lösung entschieden – mehr dazu im Kapitel *Last abladen – aber wohin?*

Okay, wenn ein wichtiger Aspekt von Mental Load das Problem ist, dass Frauen an alles denken müssen (oder zumindest das Gefühl haben, es wäre so), wie sieht dann die Lösung aus? Dass Männer ebenfalls an alles denken?

»Das wäre Ressourcenverschwendung«, findet Dagmar. »Warum sollten denn beide an alles denken? Dann wären ja beide gestresst.«

Da hat sie natürlich auch wieder recht.

»Wichtig ist, sich gut abzusprechen. Und exakt festzulegen, wer wofür zuständig ist. Eine professionelle Aufteilung mindert die Belastung von allen. Und es verhindert auch die ewigen Diskussionen, wer was erledigen soll.«

Das klingt nicht nur logisch, sondern auch wunderbar einfach. Warum nur machen das nicht alle so?

Nun, der Fairness halber sollte ich vielleicht erwähnen, dass sich Dagmar lediglich mit ihrem Ehemann absprechen muss und dass er bereits Rentner ist. Ihre Aufteilung lässt sich simpel auf den Punkt bringen: Outdoor ist Männersache, Indoor Frauensache. Er bringt also den Müll raus, kümmert sich um Reifenwechsel und Inspektionen, kehrt die Straße, schippt Schnee, mäht Rasen, kauft ein. Sie wäscht, putzt, kocht, dekoriert.

Zu zweit lässt sich so etwas prima umsetzen. Aber wie wäre es mit einer Handvoll Kindern? Wo endet da Indoor und wo beginnt Outdoor? Und wie soll das Ganze funktionieren, wenn beide Eltern voll berufstätig sind? Kann es überhaupt *irgendwie* funktionieren?

Ich habe eine Freundin gefragt, die es wissen muss. Henny haben Sie schon im Kapitel *Wenn ich nicht alles selber mache* kennengelernt. Sie erinnern sich: Die fünffache Mutter, die eine Zeit lang die liebe Wäsche an den Nachwuchs outgesourct hat.

»Inzwischen ist es bei uns einfacher geworden, weil die Kinder jetzt älter sind und die Großen das Nest bereits verlassen haben«, sagt sie. »Aber es gab Zeiten, da war die Terminkoordination ganz schön verzwickt.«

Ob Kindergeburtstage oder Elternabende, Sportturniere oder Kommunionvorbereitung, es ist Henny, die das alles managt. Was unter anderem an den Arbeitszeiten ihres Mannes liegt, der selbst im Sommer noch vor Sonnenaufgang das Haus verlassen muss und am späten Nachmittag hundemüde nach Hause kommt.

»Dass er da von sich aus an solche Dinge denkt, kann ich nicht erwarten«, sagt Henny. »Aber er übernimmt viele dieser Aufgaben, wenn ich keine Zeit dafür habe.«

Dafür, dass alles fast immer reibungslos funktioniert, sorgt ein großer Familienkalender, der unübersehbar in der Küche hängt.

»Darin gibt es eine Spalte für jedes Familienmitglied. Und was darin steht, ist verbindlich. Für mich bedeutet dieser Kalender eine Riesenentlastung. Denn was ich dort eingetragen habe, daran muss ich nicht mehr permanent denken.«

Bedingung ist natürlich, dass alle regelmäßig darauf schauen. Henny erzählt, dass ihre Schwägerin die Idee übernehmen wollte, aber kläglich gescheitert ist. »Ihr Mann hat erwartet, dass sie ihn an den Blick auf den Kalender erinnert. Damit war natürlich nichts gewonnen in Sachen Mental Load.«

Zum Glück war das bei Hennys Mann anders. Doch ihr war es auch immer wichtig, ihn nicht zu sehr zu belasten. »Ich habe wirklich nur das Allerwichtigste in seine Spalte geschrieben. Bei zu vielen Infos geht leicht etwas unter«, weiß sie aus Erfahrung.

Es bleibt also ein Balanceakt, auch für Henny, die ja nach

wie vor die Fäden in der Hand hält und entscheidet, welche Aufgaben sie selbst erledigt und welche sie abgibt. Aber dank des Kalenders hat sie wenigstens nicht mehr ständig das Gefühl, etwas Wichtiges könnte vergessen werden.

»Es ist auch völlig okay, wenn sich nicht beide um alles kümmern. Bei uns ist das schon fair aufgeteilt. Zum Beispiel bin ich immer diejenige, die zu Elternsprechtagen geht. Ich wette, mein Mann kennt nicht mal die Namen der Lehrerinnen und Lehrer unserer Kinder.«

Im Grunde ist es also durchaus so ähnlich wie in dem Werbespot: Henny leitet ein sehr erfolgreiches, gar nicht so kleines Familienunternehmen. Und außerdem leitet sie eine Grundschule. Auf die Frage, warum sie sich nicht für ein Leben als Vollzeit-Hausfrau und -Mutter entschieden hat, kommt ihre Antwort wie aus der Pistole geschossen: »Das wäre mir viel zu anstrengend!«

Was kann denn schon groß passieren?

Die Vorstellung, angesichts der Mehrfachbelastung in Job und Familie etwas vergessen zu können, scheint viele Frauen zu quälen. Ich stelle in solchen Fällen gerne die Frage: Was ist denn das Schlimmste, was passieren kann?

Lassen Sie uns mal überlegen:

Vergessene **Hausaufgaben**
Turnbeutel nicht dabei
Kein **Weihnachtsgeschenk** für Oma Hilde
Arzttermin versäumt
Kein **Kuchen** am Geburtstag
Das gute **Hemd** ist nicht gebügelt
Kein **Klopapier** mehr da
Verschlafen und **Bus verpasst**
Saustall, wenn Besuch kommt

Ärgerlich, das alles. Aber eine Katastrophe? Nein. Nichts davon ist lebensbedrohlich. Kann einfach mal passieren. Und überhaupt: Vielleicht bringt es die anderen in der Familie endlich mal dazu, selbst mitzudenken, wenn Sie nicht immer zuverlässig wie ein Roboter funktionieren!

»Du bist doch eh da!« – Stolperfalle Homeoffice

In den ersten fünf Jahren meiner Selbstständigkeit habe ich nicht von zu Hause aus gearbeitet, sondern ein externes Büro gemietet. Ich fürchtete nämlich, im Homeoffice total zu verlottern und am Ende mit ungewaschenen Haaren im Bademantel vor dem PC zu sitzen. Mit anderen Worten: dass mir das passieren würde, was heute als Corona-Effekt bekannt ist. Erst als ich wusste, ich habe das Dasein als Freiberuflerin im Griff, wagte ich es, mit dem Büro zurück nach Hause zu ziehen.

Inzwischen bin ich das Homeoffice seit über zwanzig Jahren gewohnt und genieße die zahlreichen Vorteile: Der lästige Weg durch den morgendlichen (und abendlichen) Berufsverkehr bleibt mir erspart, ich kann die Arbeit meinem Tageslauf anpassen (statt umgekehrt) und ich bin hier völlig ungestört! (Übrigens: Ja, ich wasche mir regelmäßig die Haare! Aber was gibt es gegen Jogginghosen einzuwenden?)

Manchmal frage ich mich, was wohl meine Nachbarn über mich denken. Diejenigen, die nicht wissen, was ich beruflich mache, müssen mich für stinkfaul halten. »Immer hockt sie drinnen, nie sieht man sie arbeiten. Und der arme Ehemann muss nach Feierabend auch noch den Garten in Schuss halten …«

Ehrlich gesagt finde ich diesen Gedanken amüsant. Die

Zeiten, in denen ich mich über Sprüche wie »Aber du arbeitest doch gar nicht *richtig*, oder?« geärgert habe, sind lange vorbei. So geht es auch meiner Autorenkollegin Sabine, die sagt: »Leute, die denken, ich würde in meinem – heiß geliebten – Homeoffice nicht viel wichtige und drängende Arbeit erledigen, die lache ich längst aus.«

Doch ganz gleich, wie fleißig und konsequent wir sind – das liebe Umfeld bringt uns zuweilen ganz schön ins Straucheln. Was man – und vor allem frau – im Homeoffice so alles erlebt, reicht von »Mama, putz mich ab« während des Zoom-Meetings bis hin zu Schwiegermutters »Fahr mich mal schnell zum Bahnhof, du bist ja eh da«.

Die folgende Sammlung wird Sie vielleicht zum Nicken, Kopfschütteln oder Nachdenken bringen.

»Ist das überhaupt Arbeit?«

»Wenn's im Sommer warm genug ist, arbeite ich gern im Garten«, berichtet Lektorin Marion. Manuskripte und Druckfahnen kann man draußen natürlich ebenso gut durchgehen wie drinnen. Allerdings nicht immer so ungestört. »Wenn mich meine Nachbarin dort sitzen sah, hat sie mich immer vollgetextet.« Der Mitteilungsbedarf der älteren Dame war groß. Sie monologisierte über alles Mögliche: ihren Sohn, ihre Blumen, Marions Unkraut, das Wetter, ihre Rückenschmerzen … Manchmal musste Marion sogar ein Telefonat vortäuschen, um den Redeschwall der Guten zu stoppen. Die wohl gar nicht auf die Idee kam, sie könnte Marion bei irgendwas Wichtigem stören! »Als ich dann eines Tages zur Erholung von der Manuskriptarbeit mal ein paar Stunden aktiv im Garten zugange war, Rasen gemäht, Unkraut gejätet, Pflanzen zurückgeschnitten, den Kompost umgeschichtet habe, sagte sie ganz erfreut: ›Ah, heute arbeiten Sie mal!‹«

In der älteren Verwandtschaft von Julia, die in der Verwaltung eines Bildungsträgers arbeitet, ist es sogar üblich zu fragen: »Hast du morgen Homeoffice oder musst du arbeiten?«

Früher, als sie noch Freiberuflerin war, konnte sie nicht darüber lachen. »Interessanterweise ist es mir jetzt völlig egal, wenn mir jemand unterstellt, meine Arbeit zu Hause sei nicht ganz so diszipliniert, drängend, wichtig. Das hatte in der Selbstständigkeit einfach sehr viel mit dem Selbstverständnis und meinem Selbstbild zu tun. Solange ich gleichzeitig mein eigenes Unternehmen war, konnte mich ein komisches Fremdbild schon mal aus der Fassung bringen.«

Fassungslos war auch Übersetzerin Gundula, die für ihre Kleinkinder einen Ferienbetreuungsplatz suchte, als die Kindergärtnerin ihren Antrag mit den Worten »Wozu denn, Sie sind doch arbeitslos« abschmettern wollte.

Oh, mir wird ganz schwindelig vom Kopfschütteln …

»Was treibt die da nur?«

Was Renate beruflich konkret macht, können die meisten ihrer Nachbarn nur raten. Mit ihrer Berufsbezeichnung Multimedia-Entwicklerin können sie nicht viel anfangen. Und das auch noch im Homeoffice! Was sie da wohl anstellt? Tja, was man nicht weiß, das reimt man sich eben zusammen.

»Irgendwann habe ich über Ecken erfahren, dass jemand aus dem Haus verbreitet hatte, ich würde wohl Telefon- oder Onlinesex machen«, erzählt Renate. Sie kann zwar darüber lachen, versteht aber bis heute nicht, wie jemand auf so eine Idee kommt. »Arbeitszimmer und Heimbüros sind doch keine neuzeitliche Erfindung!«

Anfang der Neunziger war das Homeoffice noch weniger verbreitet als heute. »Wenn ich damals sagte, ich bin im Homeoffice, kam nicht selten die Gegenfrage: ›Bist du am Bügeln?‹ Natürlich von Männern. Ich fand das unverschämt«, erinnert sich Kommunikationsberaterin Dagmar.

Auch Annette kann ein Lied von ignoranten Mitmenschen singen. »Eine Freundin hat mal eine Stellenanzeige gepostet und kommentiert, das wäre doch was für mich. Wohlgemerkt auf *meinem* Facebook-Profil, wo es auch meine Kunden sehen konnten!«, berichtet sie.

Dazu muss man wissen: Annette war damals als freie Journalistin Vollzeit beschäftigt und gut gebucht – und selbst wenn nicht, hätte sie keinerlei Interesse an einer Aushilfstätigkeit als Verkäuferin in einem Bastelgeschäft gehabt. Wie ihre Freundin glauben konnte, das wäre für sie interessant? »Keine Ahnung – aber ich rege mich jetzt noch darüber auf!«, sagt sie.

»Du hast Termine? Aber die sind sicher nicht dringend!«

Als Julia noch als freiberufliche Werbelektorin arbeitete, war ihr Alltag oft von kurzfristigen Deadlines geprägt. Auf die Frage »Hast du mal ’ne Minute?« antwortete sie einem Freund daher wahrheitsgemäß: »Eine, höchstens zwei.«

Er hatte eine halbe Stunde vor einem wichtigen Abgabetermin angerufen, und Julia steckte noch mitten in der Arbeit.

»In den folgenden Tagen war besagter Freund merklich unterkühlt und rückte dann mit der Sprache raus, dass er meine Antwort als exzentrisch aufgefasst habe«, berichtet Julia, die auch Jahre nach dieser Episode noch empört darüber ist. »Er konnte sich einfach nicht vorstellen, dass es in meinem Job minutengenaue Deadlines gab, sondern glaubte, Terminabsprachen stellten eher ungefähre Richtlinien dar.«

Nachdem Julia das Homeoffice aufgab und sich stattdessen einer Bürogemeinschaft anschloss, nahmen Erlebnisse dieser Art schlagartig ab. »Die Tatsache, fürs Arbeiten aus dem Haus zu gehen, hat immer für deutlich mehr Akzeptanz gesorgt!«

Willkommen in der inoffiziellen Postfiliale!

»Da wir ja im Erdgeschoss wohnen, bin ich natürlich auch die Concierge für Pakete und sonstige herren- oder damenlose Dinge«, berichtet Multimedia-Entwicklerin Renate. »Die Boten klingeln auch gern mitten in einer Zoom-Konferenz. Zum Glück haben die Kunden Verständnis, wenn ich mal eben an die Tür muss.«

Das kennen wohl viele von uns – auch bei mir lagern hin und wieder Päckchen und Pakete für die Nachbarschaft. Allerdings nicht so regelmäßig wie bei Übersetzerin Susanne, die in einem Neun-Parteien-Haus wohnt – und zwar direkt unterm Dach. Bis vor einiger Zeit hatte sie praktisch einen Nebenjob als Paketdienst für alle, da sie tagsüber oft die Einzige im Haus war.

»Ein Gutteil der Lieferungen war für eine Nachbarin im Erdgeschoss. Besagte Nachbarin hat inzwischen kleine Kinder und ist nun selber ›immer da‹. Das heißt, von dieser Bürde bin ich quasi erlöst.«

Ist doch perfekt für berufstätige Mütter – oder?

Gemeinhin gilt die Homeoffice-Lösung als besonders familienfreundlich. Aber was heißt das konkret? Etwa dass der berufstätigen Mutter die Work-Life-Balance besser gelingt? Oder vielleicht doch eher, dass sie immer für die lieben Kinderlein da sein kann?

Susanne erinnert sich an eine Situation vor über zwanzig Jahren, als die Welt in Sachen »Frauen und Arbeit« noch gedankenloser war. Beim Pausenklön auf einer Tagung erwähnte sie, dass sie zwei kleine Kinder hatte und freiberufliche Übersetzerin war. Darauf hieß es dann vonseiten männlicher Kollegen: »Das ist ja praktisch, dann können Sie ja immer für sie da sein.« Sprich: Rotznasen abwischen, Windeln wechseln, Essen kochen, Streit schlichten.

»Nun ja«, erwiderte Susanne, »so praktisch ist es nun auch wieder nicht. Ich bevorzuge es, ungestört zu arbeiten, Sie etwa nicht?« Und das tat sie, während sich ihr Mann um die Kinder kümmerte.

Diesen Luxus hat Grundschullehrerin Henny nicht. Wenn sie nachmittags den Unterricht für den Folgetag vorbereitet oder Klassenarbeiten korrigiert, ist ihr Mann noch nicht zu Hause – im Gegensatz zu den Kindern. Erschwerend kommt hinzu, dass das Ganze am Küchentisch stattfindet, denn Hennys Arbeitszimmer ist einem weiteren Kinderzimmer zum Opfer gefallen. Vor allem zur Zeugniszeit ist das extrem stressig – da ging es, als die Kinder kleiner waren, dann nicht ohne Babysitter.

»Vor ein paar Jahren habe ich mir unterm Dach einen Rückzugsort eingerichtet – aber ihn dann doch nie genutzt«, erzählt sie. »Ich hätte mich dort eh nicht konzentrieren können, wenn unten alles drunter und drüber ging.«

Wie sie mitten im Trubel überhaupt jemals arbeiten konnte, bleibt mir ein Rätsel – davor habe ich höchsten Respekt.

Auch Literaturübersetzerin Christine kennt den Spruch: »Wenn Sie eh zu Hause sind, können Sie sich ja auch prima um die Kinder kümmern.« Als ihre Zwillinge noch klein waren, bekam sie ihn oft zu hören. »Ob das jetzt, wo viele es selbst erlebt haben, immer noch oft gesagt wird?«, stellt sie eine sehr interessante Frage. Inzwischen haben ja viele – Frauen wie Männer – pandemiebedingt erlebt, wie schwierig es ist, sich zu konzentrieren, wenn Kinder durchs Haus toben.

Generell ist Kinderbetreuung heute auch verstärkt ein Väter-Thema. Das erlebt die freiberufliche Marktforscherin Hanna in der Zusammenarbeit mit jungen Männern immer öfter. »Da heißt es durchaus mal: ›An dem Termin kann ich nicht, da hab ich das Baby.‹ Als junge Mutter hätte ich das nie so kommuniziert, um nicht unprofessionell zu wirken. Tatsächlich habe ich manchmal Kunden gegenüber so getan, als würde ich in einem großen Büro arbeiten, nicht im Homeoffice.«

Inzwischen bröckeln wohl einige Vorurteile und auch Geschlechterklischees! Als Hannas Kinder klein waren, sah das noch anders aus. »Dass ich mein Büro zu Hause hatte, bedeutete gleichzeitig, dass ich immer für alle verfügbar war. Eigentlich war ich auf der Arbeit, aber dann war ja auch noch die Wäsche, eine Wunde zu versorgen, Kinder zu beköstigen, die auch gerne mal Freunde mitbrachten …«

Das führte bei Hanna zu Frust und Unzufriedenheit. Sie fühlte sich einfach nicht ernstgenommen. »Selbst wenn ich auf Geschäftsreise war, war ich es, die vom Kindergarten angerufen wurde – und nicht der Vater der Kinder, der quasi um die Ecke arbeitete.« Als hätte sie aus Hunderten Kilometern Entfernung etwas am Nasenbluten, Durchfall oder Trotzanfall ihres Nachwuchses ändern können.

Immer zu einem kleinen Plausch aufgelegt?

Menschen, die keinen Schreibberuf ausüben, mag es verwundern, aber sobald man vom Telefon mitten aus einem Satz gerissen wird, kann das richtig viel Zeit kosten – selbst wenn das Gespräch nur ganz kurz ist. Es dauert eben, bis man wieder richtig drin ist, und dann klingelt der Apparat vielleicht schon wieder …

PR-Redakteurin Annika kennt das nur zu gut. »Meine Schwester ruft mich mit Vorliebe vormittags an, wenn sie beim Autofahren Langeweile hat. Natürlich fragt sie nie, ob es bei mir gerade passt.«

Umgekehrt käme Annika natürlich nie auf die Idee, ihre Schwester während deren Arbeitszeit anzurufen, nur um ein bisschen zu plaudern. »Sie arbeitet als Fluglotsin im Schichtdienst«, erzählt Annika. Dass man sich dabei extrem konzentrieren muss, ist allgemein bekannt. Ein Image, von dem wir Schreibenden nur träumen können …

Wer sie auch regelmäßig anläutet, ist die liebe Schwiegermutter. »Natürlich auf meinem Handy – weil sie meinen Mann – ihren Sohn – nicht bei der Arbeit stören will«, sagt Annika. »Und dann bekomme ich den wöchentlichen Einkaufszettel diktiert, der übrigens bis auf ein paar Kleinigkeiten aus dem aktuellen Prospekt immer gleich ist.« Inzwischen hat Annika für solche Aufgaben eine kleine Assistentin – ihre Tochter, die gewissenhaft mitnotiert, was die

Oma diktiert. »Das ist immer sehr unterhaltsam. Raffnix am einen und Hörtnix am anderen Ende der Schnur.«

Textredakteurin Jutta ist Ähnliches gewohnt – ihr fast neunzigjähriger Vater stört auch ungern den Sohn, einen Arzt, während der Arbeit; stattdessen muss seine Tochter dran glauben – egal, wie hochdringend das Kundenprojekt ist, an dem sie gerade arbeitet. Denn er kann unmöglich warten, bis Jutta Feierabend macht. Wenn er eine Mail verschicken will und nicht mehr weiß, wie das vom Handy aus geht, dann muss das eben sofort sein!

»Jedes empfundene To-do muss schnell weg vom Frontallappen, sonst wird er kirre«, erzählt Jutta.

Dabei sollte ihr Vater doch wissen, dass Störungen Gift sind für konzentriertes Arbeiten – er hat früher komplexe Anlagen geplant: »Da habe ich ihn ja auch nicht einfach angerufen und gefragt, wie man ein Loch in die Wand bohrt.«

Von ihrem Bruder kann sich Jutta da übrigens wenig Verständnis erhoffen. »Der hat es mal fertiggebracht, seinen Sohn bei mir zum Hüten abzugeben. Obwohl ich gerade wahnsinnig viel Arbeit hatte. Ich war zu baff, um zu widersprechen. Und er zu insistent.«

Dingdong, Besuch ist da!

Ganz nach dem Motto »Du bist ja eh da« wird man, wenn man im Homeoffice arbeitet, auch gerne mal von unerwarteten Gästen heimgesucht.

Autorin Petra beispielsweise ist in dieser Hinsicht Kummer gewohnt. Bei ihr pflegte eine Nachbarin regelmäßig zu klingeln, und zwar meistens genau dann, wenn Petra mitten in einem Manuskript steckte. »Sie kam dann immer mit dem lahmen Spruch, ich könne mir meine Zeit doch einteilen. Einmal wurde es mir zu bunt und ich konterte, dass leider irgendwann keine Zeit zum Einteilen mehr übrig bleibt, wenn alle damit ankommen. Und dass mich wenigstens meine Kinder nicht mehr mitten im Satz unterbrechen.« Nun, diese Antwort hat offenbar funktioniert, denn seit diesem Gespräch sind über zehn Jahre vergangen – und die Nachbarin hat Petra nie wieder besucht.

Auch Übersetzerin Christine ist eine Freundin klarer Worte. Und damit hat sie ihre Störenfrieda-Nachbarin regelrecht erzogen. »Eine Zeit lang habe ich jedes Mal, wenn sie klingelte, ganz dramatisch erklärt, dass es gerade gaaaanz schlecht sei und ich üüüüberhaupt keine Zeit habe. Seitdem fragt sie immer ganz schüchtern, ob's gerade passt, wenn sie überhaupt zu Arbeitszeiten vorbeikommt.«

Doch auch angemeldete Gäste können zu unpassenden Momenten hereinplatzen, wie Umweltreferentin Silke zu berichten weiß. Eine Freundin, mit der wegen eines Streits Funkstille herrschte, hatte sich angekündigt. Sie hatte beruflich in Silkes Gegend zu tun und wollte gern kostenlos bei ihr übernachten – Versöhnung inklusive. Silke legte ihre Termine so, dass sie für ihre Freundin Zeit hatte. Doch das hätte sie sich sparen können …

»Weil sie einen Tag vorher einen günstigeren Zug erwischte, stand sie vierundzwanzig Stunden früher als vereinbart vor meiner Tür«, erzählt Silke. »Zeitgleich mit einer Kundin.«

Die Freundin hat sie dann samt Tee und Plätzchen ins unaufgeräumte Wohnzimmer verfrachtet, bis der Termin mit der Kundin vorbei war. Auch am nächsten Vormittag hatte Silke mehrere Termine. Ihre Freundin hat also einen ziemlich typischen Arbeitstag erwischt und war ziemlich genervt, dass Silke nicht mehr Zeit für sie hatte.

»Sie dachte, weil ich ja immer zu Hause arbeite, sei es egal, wann sie käme. Nö, ist es nicht.«

Wenigstens klappte die Sache mit der Versöhnung dennoch. »Und seitdem hält sie sich auch an die vereinbarten Termine, wenn sie mich besucht!«

Und wie läuft es bei den Herren der Schöpfung im Homeoffice?

Architekt Mike arbeitet seit Jahren von zu Hause aus. Früher hatte er sein Büro in einem Raum direkt neben der Küche. »Das ging gar nicht«, erzählt er. »Viel zu unruhig – ich konnte mich dort nicht konzentrieren und wurde auch viel öfter gestört.«

Inzwischen ist er hausintern in einen ausgebauten Kellerraum gezogen. Das Büro hat zwar einen eigenen Eingang, man erreicht es aber auch von innen. »Allerdings ist es ein recht weiter Weg quer durch den Keller – den nimmt kein Familienmitglied so gern auf sich, wenn es nicht wahnsinnig wichtig ist.«

Autorin Petra berichtet von ihrem Mann, der pandemiebedingt ebenfalls im Homeoffice gearbeitet hat. »Im Haus ging es nicht, weil wir unsere kleine Enkelin nicht zu stundenlangem Schweigen verdonnern können. Deshalb hat er den Wintergarten zum Büro gemacht.« Auch hier war also eine räumliche Trennung die Lösung.

Der Weg zur Arbeit ist also extrem kurz, doch das bedeutet eigentlich keine Zeitersparnis, findet Petra. Denn statt, wie früher, ständig rund um den Globus zu fliegen, wird jetzt alles in Online-Meetings besprochen. Und weil die Teilnehmer aus den unterschiedlichsten Zeitzonen kommen, müssen die Arbeitszeiten entsprechend angepasst werden.

»Ich habe den Eindruck, dass mein Mann und viele seiner Kollegen im Homeoffice noch mehr arbeiten als im Firmenbüro«, sagt Petra. »Weil es dort nämlich einen Feierabend gibt.«

O ja, der Feierabend! An den muss mein Mann mich auch regelmäßig erinnern …

Und wo bleiben die Positivbeispiele?

Hier kommen sie: »Wenn Leute erfahren, dass ich zu Hause arbeite, bekomme ich sehr oft zu hören: ›Da musst du ja seeehr diszipliniert sein! Ich könnte das nicht!‹«, erzählt Übersetzerin Susanne. Es gibt also nicht nur Ignoranz, sondern durchaus auch Respekt und Verständnis.

Natürlich ist die Trennung von Freizeit und Arbeit manchmal schwierig, wenn es keine räumliche Distanz gibt. Umso wichtiger ist die mentale Distanz! Und wenn andere das nicht akzeptieren, gilt es, sich abzugrenzen.

»Mir wurde durchaus vorgeworfen, egoistisch zu sein. Aber ich bezeichne es eher als Selbstliebe«, berichtet Gesundheitsmanagerin Silvia. »Egoistisch sind ja eigentlich vielmehr die anderen, wenn sie etwas von mir erwarten, was ich gar nicht zu geben bereit bin. Meine Familie – vor allem die Schwiegermutter – musste lernen, dass ich nicht immer zur Verfügung stehe, nur weil ich von zu Hause aus arbeite. Inzwischen werde ich gefragt: ›Passt es gerade?‹ Das funktioniert prima!«

Das kann ich nur unterschreiben. Klar kann ich mir meine Arbeit selbst einteilen. Und eher als jemand mit festen

Arbeitszeiten zwischendurch einen Behördengang erledigen, mal eben zur Post fahren, beim Arzt anrufen … Und wenn das Heizöl kommt, bin ich selbstverständlich zu Hause. Alles kein Problem. Solange Unterbrechungen die Ausnahme bleiben.

Zum Glück habe ich meinem Umfeld längst klargemacht, dass am Schreibtisch sitzen und Bücher schreiben echte Arbeit ist. Und manchmal ist es auch echte Arbeit, am Strand zu sitzen und aufs Meer zu gucken – dabei kann man nämlich einwandfrei nachdenken. Übrigens funktioniert das auch wunderbar auf dem Sofa mit geschlossenen Augen …

Selbsttest: Woran Sie merken, dass Sie vielleicht ein klein wenig überlastet sind

Sie sind kein Typ, der gerne Däumchen dreht. Schon klar. Aber selbst eine Multitasking-Queen stößt irgendwann an ihre Grenzen. Vielleicht sogar, ohne es zu bemerken?

Wenn Ihnen eins der folgenden Symptome bekannt vorkommt, sollten Sie vielleicht einen Gang runterschalten. Ach, Sie erkennen sich gleich in mehreren Punkten wieder? Dann verordnen wir Ihnen hiermit eine Pause zum Runterkommen. Vielleicht bei einer Tasse Tee und einem Buch …

Symptom 1: Grundlose Hektik

Selbst erlebt: Ich habe mein Auto betankt und wollte dann bezahlen gehen. Gehen! Tatsächlich bin ich aber gerannt. Hirnverbrannt, oder? Ich hab's dann selber gemerkt. Völlig gaga, ich weiß. Ich meine – selbst wenn man es eilig hat, wie viel Zeit spart man wohl durch einen Spurt von der Zapfsäule zur Schlange an der Kasse? Zwei Sekunden? Wenn ich so viel Stress hätte, dass diese zwei Sekunden entscheidend wären, dann müsste ich mein Pensum ernsthaft überdenken. Also: gemach, gemach.

Symptom 2: Einkaufsschwäche

Ich brauche schnell noch einen Liter Milch und … noch irgendwas. Den Einkaufszettel habe ich zwar geschrieben, aber dann irgendwo abgelegt, wo ich ihn vergessen habe, weil ich zwischendrin den Autoschlüssel gesucht und leider nicht gefunden habe. Dafür haben wir glücklicherweise einen Ersatzschlüssel, der unter keinen Umständen irgendwo anders abgelegt werden darf als in dieser Kiste. Jedenfalls kaufe ich beim Einkaufen beinahe den halben Laden leer, weil ich auf keinen Fall dieses Zweite vergessen darf, an das ich mich nicht erinnern kann. Zu Hause fällt mir wieder ein, dass es Fencheltee war – habe ich gekauft, dafür merkwürdigerweise nicht einen einzigen Liter Milch. Als ich den Spinat ins Tiefkühlfach packe, begegnet mir – mein Schlüssel. Und der Einkaufszettel.

Was mir hilft: Ablagegewohnheiten. Ich habe jetzt einen Haken für meinen Schlüssel und den Einkaufszettel im Handy. Das hilft auch, wenn es mal später wird und ich ihn einfach nur an meinen Mann weiterschicken will. Der würde die Milch nämlich garantiert nicht vergessen.

Symptom 3: Allgemeine Verwirrung

Neulich bin ich durch die Wohnung geirrt und habe mein Handy gesucht. Während ich gleichzeitig telefoniert habe. Mit ebendiesem Handy am Ohr. Zählt das schon als Multitasking-Fail? Übrigens kenne ich Ähnliches von Leuten, die hektisch nach ihrer Brille fahnden, die sie auf der Nase tragen …

In solchen Fällen: Erst mal hinsetzen. Durchatmen. Ein Stück Schokolade essen. Die hilft immer.

Symptom 4: Eher nicht ganz so süße Träume

Neulich bin ich davon aufgewacht, dass mein Mann mich gerüttelt hat.

»Lucinde, du hast mich gehauen! Geht's noch?« Ich war kein bisschen wach, und an einen aggressiven Übergriff meinerseits konnte ich mich absolut nicht erinnern, aber die Empörung meines Mannes war echt.

»Und angemotzt hast du mich auch!«

»Was habe ich denn gesagt?«

»Du hast mich gesiezt und mich gefragt, was ich hier mache!«

»Ich habe …?«

Ein wenig verschwommen erinnere ich mich. Da war was mit diesem Typen, der heute an der Ampel so dicht aufgefahren ist, und dem Steuerberater, der Unterlagen wollte, von denen ich noch nie gehört habe. Ich muss beide wohl mit in meine Träume genommen und dort zu einer Person gemacht haben. Jedenfalls scheint es mich nicht gefreut zu haben, sie wiederzusehen – weder mich noch meinen Mann.

Was hilft: Spazieren gehen, Gedanken teilen. Mit dem Mann, den man dann vielleicht auch nicht hauen muss.

Symptom 5: Heulsusige Anwandlungen

Für Tränen gibt es viele Gründe. Traurigkeit, schon klar. Aber auch Wut, Enttäuschung oder Rührung. Und manchmal reicht auch schon eine Winzigkeit, die das Fass beziehungsweise die Augen zum Überlaufen bringt. Zum Beispiel weil der Drucker mal wieder nicht funktioniert oder weil es regnet.

Wenn es Ihnen so geht, dann wissen Sie, dass Sie auf dem Zahnfleisch gehen. Seien Sie ein bisschen netter zu sich selbst!

Symptom 6: Nichts oder zu viel

Wir neigen dazu, Dinge mit anderen Dingen zu kompensieren. Ich bin eine Stressesserin, -trinkerin, -shopperin und am allerschlimmsten eine Stressprokrastiniererin.

Was das ist? Je weniger Zeit ich habe, je mehr Druck, desto erfolgreicher gehe ich auf Recherchereisen im Internet verloren. Ich kann stundenlang surfen, wenn ich eigentlich einen Text abgeben muss, und finde plötzlich alles wichtig und interessant. In Stresszeiten kann ich manchmal sogar Staubsaugen und Wäsche zusammenlegen. Vieles. Nahezu alles, nur um ja nicht das zu tun, was ich eigentlich tun müsste. Und dann habe ich ein ewig schlechtes Gewissen.

Was das bewirkt? Na, Stress natürlich. Und den großen Drang, Schokolade und Chips zu essen, Wein zu trinken und ein bisschen im Internet zu surfen.

Wie man das verhindern kann? Keine Ahnung. Aber wenn Sie es schon machen (so wie ich), genießen Sie es wenigstens!

Symptom 7: Feldwebelige Erregungszustände

Sie sind ein friedfertiger Mensch. Aber manchmal reißt Ihnen einfach der Geduldsfaden, und Sie reagieren hochgradig gereizt. Vor allem, wenn Sie es eilig haben, während andere herumtrödeln. Zum Beispiel die blöde Kuh auf der Rolltreppe vor Ihnen, die einfach nicht zur Seite treten will, damit Sie überholen können.

Moment – haben Sie sie wirklich »blöde Kuh« genannt? Eine fremde Dame? So kennen Sie sich ja selbst nicht!

Kommen Sie mal wieder runter. Dann dauert es eben etwas länger. Kein Grund, das Hassmützchen aufzusetzen!

Symptom 8: Creme- oder Klamottenkarma

Eigentlich wollte ich noch joggen gehen, habe es dann aber gelassen, weil ich sowieso schon wieder zu spät dran war. Dafür habe ich noch ein bisschen geschrieben und eine Gesichtsmaske aufgetragen. Dabei habe ich die Zeit vergessen, was schon mal passieren kann, aber nicht sinnvoll ist, wenn Klientinnen oder Klienten auf mich warten. An meinem Arbeitsplatz in der Stadt. Ich gebe zu, es wird dann gern mal ein bisschen hektisch und … Nun ja. Nur so lässt es sich vermutlich erklären, dass ich zwei verschiedene Turnschuhe anhabe. Und irgendwie ein bröseliges Gefühl im Gesicht. Glauben Sie mir. Es gibt Fotos davon. Für sowas habe ich nämlich Kollegen.

Symptom 9: Nahrungsaufnahme-Amnesie

Sie starren auf Ihren Teller. Er ist leer. Aber eben war da noch ein Käsebrot drauf. Wo ist es hingekommen? Außer Ihnen ist keiner da. Es kann sich doch nicht in Luft aufgelöst haben … Aber die einzige andere Erklärung wäre, dass Sie es gegessen haben.

Ernsthaft? Ohne es zu bemerken? Tja, kann passieren. Nebenbei Nahrung in sich reinzustopfen hat mit Genuss wenig zu tun und ist ein eindeutiges Anzeichen dafür, dass bei Ihnen etwas nicht in Balance ist. Übrigens: Das Essen tatsächlich zu vergessen, ist genauso schlimm.

Teil 2:
Not my circus, not my monkeys

WIE WIR UNS FREIRÄUME SCHAFFEN, INDEM WIR NICHT PERMANENT DIE WELT ZU RETTEN VERSUCHEN

Unser Thema heißt Mental Load, also mentale Last. Das ist mehr als nur die Doppelbelastung vieler Frauen zwischen Job und Familie. Denn Frauen sind (oder fühlen sich) in der Regel dafür zuständig, dass es allen anderen gutgeht – Kindern, Ehemann, Eltern, Verwandten, Kollegen, Chef … Also allen, außer sich selbst.

Zu Job, Haushalt und Ehrenamt kommen auch Care-Arbeit und Gefühlsarbeit. Frauen wurden zum Kümmern erzogen. Sie trösten, hören zu, pflegen, betreuen, kutschieren, und während der Pandemie waren sie auch noch fürs Homeschooling zuständig, oftmals im Homeoffice, ein Unding.

Hinzu kommt unser Bestreben, ständig die Welt retten zu wollen! In diese Falle stolpern Frauen immer wieder: Wir machen die Probleme anderer zu den unseren. Wenn irgendwo ein Sack Reis umfällt … Wobei, nein, so schlimm ist es auch wieder nicht. Aber wenn irgendein Familienmitglied nach Milchreis ruft, dann springen wir. Zeigen wir ihnen doch einfach, wo der Herd steht!

Ja, genau – versuchen wir doch gleich mal, ein bisschen Last abzugeben! Zum Beispiel an das »starke Geschlecht«. Und was machen wir mit der Freizeit? Na, lesen natürlich! Und lachen. Denn mit Humor geht bekanntlich alles leichter.

Wer hilft wem und wenn ja, warum?

Es gibt Menschen, die putzen, bügeln, saugen und wienern leidenschaftlich gern. Wenn alles blitzt und blinkt, haben sie das herrliche Gefühl, ihr kompliziertes Leben wenigstens für einen kurzen Moment komplett im Griff zu haben.

Ich gehöre nicht zu diesen Menschen. Das Gefühl, mein Leben im Griff zu haben, stellt sich bei mir eher ein, wenn ich eigene Entscheidungen treffe. Beispielsweise, dass ich die Fenster einfach mal dreckig sein lasse.

Ich will mir auch nicht einbilden, Hausarbeit sei das ultimative Work-out, selbst wenn man dabei tüchtig ins Schwitzen kommt. Nicht mal laute Musik kann mich dazu animieren, beim Staubsaugen ZUMBAesk durchs Haus zu tänzeln.

Es gibt Dinge, die kann man sich einfach nicht schönreden. Die müssen erledigt werden – jedenfalls wenn man nicht zwischen Spinnweben, Wollmäusen und Monsterkrümeln leben will.

Aber eine blitzblanke Wohnung als Lebensinhalt? Eher nicht. Ich kann mir Erfüllenderes vorstellen. (Sie müssen sich also echt keine Sorgen machen, das Putzen könnte bei mir zur Zwangsstörung werden …)

Kurz und gut: Ich mache es, weil es sein muss, aber ungern. Das liegt vor allem daran, dass ich Saubermachen extrem frustrierend finde. Es ist so vergänglich! Man könnte jahrelang täglich alles wischen und es dann eine Woche lang bleiben lassen, schon sähe alles aus, als hätte der Boden nie einen Lappen gesehen!

Mein Mann tickt da etwas anders. Dabei habe ich einmal gelesen, Männer seien wie Saurier – sie sehen nur, was sich bewegt. Deshalb wäre es theoretisch besser, die Stapel mit schmutzigem Geschirr würden hin und her schwanken – dann würde man sie entdecken und spülen.

Mein Mann hat sehr wenig von einem Saurier. Im Gegenteil, er entdeckt selbst Schmutz, den ich übersehe. Im Übersehen dreckiger Fenster bin ich zum Beispiel Weltklasse. Seine Frustrationstoleranz ist, was Schmutz betrifft, irgendwie niedriger als meine. Unser Deal lautet: Wen es zuerst stört, hat verloren. Ich weiß gar nicht mehr, wann ich zuletzt Fenster geputzt habe …

»Du kannst dich glücklich schätzen, dass dein Mann dir so viel im Haushalt hilft«, kommentierte meine Oma das einmal, und sie verstand gar nicht, warum ich mich über diese an sich harmlos gemeinte Bemerkung so wahnsinnig aufregte.

»Was heißt hier helfen?«, rief ich empört.

»Na ja, das tut er doch. Und du bist doch froh darüber.«

Ja, ich freue mich sehr, ihn zu haben. Er ist ein Goldstück. Und wahnsinnig fleißig. Und liebenswert. Und überhaupt …

Aber er *hilft* mir doch nicht! Denn das würde ja bedeuten, das Ganze wäre eigentlich mein Job und sein Beitrag irgendwie freiwillig. Er wohnt schließlich auch hier!

»Ach, wir machen das beide ehrenamtlich«, beschwichtigte mein Mann und brachte mich damit – wie so oft – zum Lachen.

Ich glaube, heute würde ich mich über die Bemerkung meiner Oma nicht mehr so aufregen, denn ich bin inzwischen älter und weiser geworden und mir ist klar: Sie tickte nun mal so. In ihrer Generation war diese Denkweise normal – nicht nur weil man so erzogen wurde, sondern weil es sogar dem geltenden Recht entsprach!

Was heute undenkbar scheint, war bis 1977 im Bürgerlichen Gesetzbuch festgeschrieben: Die Frau war dazu »verpflichtet, das gemeinschaftliche Hauswesen zu leiten«, so hieß es im Originaltext von 1886. Auf gut Deutsch: Sie war zur Hausarbeit verdonnert. »Nebenbei« arbeiten gehen durfte sie nur, wenn der Herr Gemahl damit einverstanden – und es mit ihren Pflichten in Ehe und Familie zu vereinbaren war. Sprich: wenn sie darüber die liebe Wäsche, das Kochen, Putzen, Bügeln und die lieben Kinderlein nicht vernachlässigte. Dass sie ihm zum Feierabend ein kühles Bier reichte und die Hausschuhe bereitstellte, stand zwar nicht im Gesetz, verstand sich aber in vielen Fällen von selbst.

Hatte der Ehemann einen eigenen Betrieb, war die Frau früher übrigens dazu verpflichtet, dort mitzuarbeiten. Unentgeltlich natürlich. Man mag es sich gar nicht vorstellen. Meine Freundin, die mit einem Metzger verheiratet ist, wird ganz blass, als ich ihr davon erzähle. Sie liebt ihn sehr, doch hinter der Wursttheke stehen zu müssen, wäre eine Höchststrafe für sie!

Diese Zeiten sind zum Glück vorbei. Aber noch nicht sehr lange! Erst seit dem 1. Juli 1977, als die längst überfällige Gesetzesänderung in Kraft trat, spricht man vom paritätischen Ehemodell. Es heißt nun: »Die Ehegatten regeln die Haushaltsführung im eigenen Einvernehmen.« Also gemeinsam. Irgendwie …

Tatsächlich übernehmen in vielen Partnerschaften noch immer die Frauen den Löwenanteil der Haus- und Familienarbeit. Das mag daran liegen, dass sich Gewohnheiten, Einstellungen und Überzeugungen sehr lange in den Köpfen der Menschen halten. Vor allem in den Köpfen vieler Männer, denen es ganz recht ist, wenn sich nichts ändert. War doch ganz schön so, oder? Aber dagegen, dass die Partnerin das Familieneinkommen aufbessert, haben sie andererseits nichts einzuwenden.

Das hat zur Folge, dass sich die Dinge in unterschiedlichem Tempo verändern. Während sich die traditionelle Aufgabenverteilung zu Hause hartnäckig hält, gehen gleichzeitig immer mehr Frauen arbeiten. Zusätzlich, wohlgemerkt.

Man muss kein Supermathematiker sein, um sich auszurechnen, dass da die Balance nicht stimmt. Und dass Mental Load vorprogrammiert ist, vor allem wenn Frauen mit dem Anspruch leben, beides perfekt zu machen. Denn wer im Job alles gibt, kann nicht zugleich eine Superhausfrau sein. Und ganz in der Kindererziehung aufgehen. Und sich um pflegebedürftige Eltern kümmern. Und ehrenamtlich tätig sein. Und dabei noch toll aussehen, ausgeglichen sein, glücklich und zufrieden sowieso …

Auch wenn ich mir das für mich niemals vorstellen könnte: Frauen wie meine Oma hatten es im Grunde viel einfacher. Mehrfachbelastung war für sie ein Fremdwort. Meine

Oma war so unemanzipiert, wie man es sich nur vorstellen kann – bevor sie mit vierundsiebzig Jahren Witwe wurde, hat sie niemals eine Überweisung ausgefüllt oder auch nur Geld abgehoben – ja, sie besaß nicht mal ein eigenes Portemonnaie. Um die Finanzen kümmerte sich mein Opa. Auch um Versicherungen, Urlaubsbuchungen, Renovierungen. Ums Auto sowieso, meine Oma hatte gar keinen Führerschein – sie setzte sich einfach vertrauensvoll neben ihn und ließ sich chauffieren.

Ich habe lange gebraucht, um zu verstehen, warum sie freiwillig so unselbstständig blieb. Denn es hat eine Zeit gegeben, da war meine Oma eine echte Macherin!

Gegen Kriegsende, als mein Opa in Gefangenschaft geriet und ihre beiden Brüder fielen, war sie diejenige, die für die Familie sorgte – und das quasi als Alleinerziehende. Bis mein Opa Ende der Vierzigerjahre aus Russland heimkam, schmiss sie den Laden. Als Schneiderin reiste sie – oft auf Schusters Rappen – von Ort zu Ort und zauberte modische Kleidung aus so gut wie nichts: nähte aus alten Militärmänteln hübsche Kinderjacken oder Kostüme, fütterte und paspelierte mit dem robusten roten Stoff alter Hakenkreuzfahnen und bewies bei alldem jede Menge Kreativität. Oftmals arbeitete sie nicht gegen Geld, sondern wurde mit Naturalien entlohnt. Eine Flasche illegal gepresstes Bucheckernöl beispielsweise war ein wahrer Schatz seinerzeit, für den sie so einiges in Kauf nahm.

Doch kaum war mein Opa zurück, verwandelte sich die furchtlose Macherin wieder zurück in das brave Hausmütterchen. Wie konnte sie nur?

Als ich jünger war, konnte ich einfach nicht begreifen, warum sie sich freiwillig für die Rückkehr in die alte Rolle entschied und sich darin pudelwohl fühlte. Inzwischen ist mir klar: Für meine Oma war die Rolle der Versorgerin überhaupt kein Zeichen von Selbstverwirklichung, sondern der Not. Sie hatte diese Aufgabe ja nicht freiwillig übernommen – es blieb ihr schlichtweg nichts anderes übrig. Und sie tat es vermutlich noch weniger gern, als ich heutzutage Fenster putze.

Übrigens ist es nicht so, dass mein Opa im Haushalt nie mit angepackt hätte. Vor allem seit seinem Renteneintritt hat er meiner Oma wirklich viel geholfen. Und ja, in diesem Fall ist »helfen« tatsächlich das richtige Wort. Es war ja ihr Job, darauf hatten sie sich geeinigt.

Dieses Modell hat für die beiden zwar wunderbar funktioniert, ist aber heute nicht mehr wirklich zeitgemäß. Deshalb halte ich es für gefährlich, immer noch von »er hilft ihr« zu sprechen.

Nein, es ist nicht alles Ihr Job, nur weil Sie eine Frau sind. Vor allem nicht, wenn Sie schon einen anderen Job haben. Einen, der bezahlt wird. Und ja, das Thema Geld spielt durchaus eine Rolle – wie wir im Kapitel *Let's talk about money* noch ausführlich zeigen werden.

Und darüber, wie man das, was Wissenschaftler:innen »unbezahlte Sorgearbeit« nennen, fair aufteilen kann, gehen wir im Kapitel *Last abladen – aber wohin?* ein.

Mein Mann und ich lösen das übrigens relativ pragmatisch: Wir übernehmen jeweils, was uns leichter fällt, wir lieber machen und besser können. Zum Glück sind wir in dieser Hinsicht so unterschiedlich wie Tag und Nacht. Wobei – das sind wir eigentlich in fast jeder Hinsicht, deshalb passen wir ja so gut zueinander.

Ein bisschen Statistik – Aha-Effekt inklusive

Ist die unbezahlte Sorgearbeit wirklich so unfair aufgeteilt? Ja, ist sie. So was denke ich mir nicht aus. Glauben Sie mir, ich wäre froh, wenn es anders aussähe.

Meine Informationen stammen unter anderem aus einer Broschüre des Bundesministeriums für Familie, Senioren, Frauen und Jugend mit dem Titel »Kinder, Haushalt, Pflege – wer kümmert sich? Ein Dossier zur gesellschaftlichen Dimension einer privaten Frage«, das wiederum auf einem Forschungsprojekt des Instituts für Sozialarbeit und Sozialpädagogik basiert.

Zu unbezahlter Sorgearbeit werden darin die unterschiedlichsten Tätigkeiten gezählt:

- Kinderbetreuung
- Unterstützung, Pflege und Betreuung von Angehörigen
- Zubereitung von Mahlzeiten und andere Hausarbeiten in der Küche
- Instandhaltung von Haus und Wohnung
- Herstellen, Ausbessern etc. von Textilien
- Gartenarbeit, Pflanzen- und Tierpflege
- Bauen und handwerkliche Tätigkeiten
- Einkaufen

- Behördengänge
- Ehrenamtliches Engagement
- Unterstützung für andere Haushalte
- Weitere Aktivitäten im Bereich Haushaltsführung und Betreuung der Familie

Hierfür investieren bundesdeutsche Frauen im Durchschnitt 52,2 Prozent mehr Zeit als Männer, wobei es im Osten mit nur 36,9 Prozent Differenz etwas besser aussieht, während es im Westen satte 57 Prozent sind. Diesen Unterschied nennt man Gender Care Gap – und am größten ist er im Alter von 34 Jahren, in der sogenannten »Rushhour des Lebens«, wenn wichtige Karriereschritte und Familiengründung parallel laufen. In dieser Lebensphase liegt der Gender Care Gap bei unglaublichen 110,6 Prozent.

Im europäischen Vergleich rangieren wir damit übrigens unter dem Durchschnitt – weit abgeschlagen von Ländern wie Schweden und Dänemark, aber immerhin noch vor Österreich, Italien, Griechenland und Ungarn.

Mit anderen Worten: Es gibt noch viel zu tun!

All the single ladies

Auch bei Torsten und Tanja waren die Rollen klar verteilt – und der Gender Care Gap ziemlich ausgeprägt. Böse Menschen würden sagen: Tanja hat alles gemacht, und Torsten hatte im Gegenzug dafür zu allem eine Meinung.

Selbstverständlich waren der Haushalt und die Kinder Tanjas Sache, und genauso selbstverständlich half er auf keinen Fall. Um genau zu sein, hielten wir Torsten für einen eingebildeten Blödmann und Tanja für ein bisschen oberflächlich, wenn es ihr für ihr persönliches Glück reichte, sich seine Kommentare anzuhören und sein Geld für Markenklamotten und tolle Urlaube auszugeben.

Von außen betrachtet waren sie vermutlich das, was man im Allgemeinen eine Vorzeigefamilie nennt: Gutaussehender und beruflich erfolgreicher Vater, bestens organisierte Mutter, die immer noch Zeit für Sport und Kultur oder auch ein Wellness-Wochenende mit ihren Freundinnen fand und drei wohlgeratene Kinder, Malte, Finn und Sophie, die alle aufs Gymnasium gingen, durchschnittlich gute Schüler waren, in ihrer Freizeit irgendeinen Mannschaftssport betrieben und sogar ein Instrument spielten, nette Freunde hatten und in den großen Ferien immer in ein gemietetes Haus nach Frankreich reisten.

Für Tanja und Torsten schien dieses Konzept aber zu funktionieren. Und getreu dem Motto »never change a running system« lebten sie glücklich – und wir rechneten auch damit, dass es, bis dass der Tod sie scheiden würde, reichte. Tat es aber nicht. Genaugenommen wurden sie nicht vom Tod, sondern von einer Familienrichterin geschieden.

Das war für uns alle ein Schock.

Wenn wir miteinander ausgegangen waren, begannen Tanjas Sätze oft mit: »Torsten meint ja …« Oder noch öfter mit »Mein Mann sagt …« Während sich meine Kinder stritten, versetzungsgefährdet waren und Läuse hatten, während wir Eltern über Pflichten, Rechte, Leistung und überhaupt den einzig wahren Erziehungsstil diskutierten, während ich mich fragte, warum ich eigentlich studiert, geheiratet und überhaupt eine Familie gegründet hatte und was ich mit meiner kostbaren Lebenszeit und dem abgeschlossenen Studium anfangen konnte, ohne irgendjemandem auf die Füße zu treten oder meine Aufgaben als Mutter zu vernachlässigen, waren Tanja und Torsten ein »supertolles Team, das die gleichen Werte und Ziele hatte«. O-Ton Tanja. Und grundsätzlich eine Meinung. Nämlich seine.

Diese Familie funktionierte perfekt. Dachte ich. Sie hatten nie irgendwelche Probleme. Wenn wir bei unseren Ladies Nights schon mal unser Glas darauf hoben, eines Tages eine Alters-Frauen-WG zu gründen und uns ausmalten, wie schön wir es dann ohne Männer und Kinder haben würden, zuckte Tanja nur mit den Schultern.

In dieser Runde war Sabine unser einziger Single. Oft war sie nicht dabei, denn sie fuhr an den Wochenenden, an denen ihr Ex die gemeinsame Tochter Merle betreute, immer mit Freunden zum Wandern, Segeln oder in andere Städte. Außerdem traf man sie auf jeder Party, sie sah jede Theaterpremiere, kannte alle Kinofilme, angesagten Bars, Restaurants und sowieso Gott und die Welt. Sie musste sich nie mit einem Partner abstimmen. Sie ging einfach, wenn sie Zeit hatte.

Ich muss nicht extra erwähnen, dass ich auch auf sie ein wenig neidisch war. Sie diskutierte nie. Weder mit ihrem Ex über das beste Vorgehen bei Versetzungsgefährdung, heimliches Rauchen oder über die Frage, welche Filme man in welchem Alter sehen und ab wann ein Mädchen nicht mehr einfach so bei einem Jungen übernachten durfte. Ob es okay war, mal am Samstag bis mittags zu schlafen, die Spülmaschine nicht auszuräumen und trotz schönen Wetters drinnenzubleiben.

Einfach so Entscheidungen zu treffen, hörte sich für mich herrlich unkompliziert und sehr erstrebenswert in einer Lebensphase an, in der ich das Gefühl hatte, mich sogar rechtfertigen zu müssen, wenn ich mal auf der Couch saß und ein Buch las. Mitten am Tag. Nicht dass das oft geschah oder mir jemand anderes Vorwürfe dafür machte. Das konnte ich gut selbst.

Die Jahre vergingen. Die Kinder wurden größer. Tanjas und meine Freundschaft verlief sich ein wenig, denn diese eheliche Einigkeit und das allgegenwärtige Bild eines perfekten Lebens ließ mich immer mehr mit dem Gefühl zurück, irgendwie versagt zu haben, und das gefiel mir gar nicht.

Wir leben in einer Kreisstadt, die sich in guten und in schlechten Zeiten wie ein Dorf anfühlt. In guten kennt jeder jeden, man trifft sich auf Stadtfesten oder Elternabenden, im Sportverein oder im Wald. Es ist immer lustig, gibt immer jemanden, der hilft, wenn Hilfe nötig ist, und der Liter Milch, der Rasenmäher oder auch die Biertischgarnitur ist maximal eine Türklingel entfernt. In schlechten Zeiten verbreitet sich Klatsch und Tratsch dafür schneller als der Schall, und da man sich ja schon immer emotional verbunden gefühlt hat, gibt es zu allem auch eine Meinung und persönliche Befindlichkeiten.

Das spürte Tanja sehr deutlich, als Torsten nach zweiundzwanzig Ehejahren ging. Oh nein, sie hatte das nicht gewollt, hörte man. Es ging ihr furchtbar, und sie litt schrecklich, sagten die Leute. Das Theaterstück, das die beiden gemeinsam so viele Jahre aufgeführt hatten, war zu Ende, und keiner wusste so recht, ob es nun ein Drama oder eine Komödie gewesen, geschweige denn ob Applaus oder betretenes Schweigen angemessen war. Torsten, so munkelte man, war zu seiner neuen Freundin in der Nachbarstadt gezogen und hatte Tanja auch schon vorher oft betrogen.

Ja, Tanjas und Torstens Scheitern bestätigte irgendwie auf gerechte, aber traurige Weise das eigene unperfekte, dafür wenigstens ehrliche Eheleben. Dennoch war es noch lange kein Grund, so mies über sie zu reden. Und geredet wurde viel.

»Kein Wunder«, sagte Steffi beispielsweise, als ich sie beim Einkaufen traf, »wenn du mich fragst, ist Tanja selbst schuld, weil sie sich so an Torsten angepasst hat, dass er sich ja langweilen *musste*!« Der arme Kerl.

»Genau! So einen tollen Mann verlässt man doch nicht!«, ergänzte Claudia, die mit Steffi unterwegs war. »Er tut mir richtig leid!«

Ernsthaft? Mir tat er überhaupt nicht leid, denn ich fand nach wie vor, dass er ein Blödmann war. Diese ganze Geschichte mit dieser Freundin und wie schäbig er Tanja nach all den Jahren belogen und sitzenlassen hatte, bestätigte das auch. Steffi und Claudia fand ich plötzlich allerdings auch nicht mehr besonders sympathisch.

»Wenn du mich fragst, hat sie ihm sicher nicht das gegeben, was er gebraucht hat, sonst hätte er es sich ja nicht woanders suchen müssen!« Die beiden lachten selbstgefällig, und mir wurde ganz übel bei so viel fehlender Intelligenz – und Solidarität.

Ich frage mich wirklich, wieso Frauen so gemein sind, anstatt gerade dann, wenn es darauf ankommt, zusammenzuhalten. Liegt es daran, dass sie sich dann ein wenig stärker fühlen, nur weil ihr Mann noch nicht davongelaufen ist? Ehrlich, wenn ich sowas höre, könnte ich ausflippen. Außerdem kann ich Gespräche über andere Menschen sowieso nur sehr schlecht aushalten, vor allem, wenn dabei so wenig Wertschätzendes gesagt wird. Vielleicht liegt es daran, dass ich selbst schon so oft das Gesprächsthema unserer Stadt war.

Mir tat Tanja jedenfalls leid. Dieser unglaubliche Perfektionismus und unbedingte Wunsch, alles richtig zu machen, mussten ihr komplett um die Ohren geflogen sein, und ich schämte mich ein bisschen für den Neid, den ich irgendwann mal vor Jahren empfunden und wegen dem ich mich von ihr entfernt hatte. So wie mir war es damals vielen gegangen, weshalb Tanja nun völlig allein dastand, ohne Torsten, den Mann, über den sie sich so viele Jahre komplett definiert hatte.

Ich fuhr zu ihr in das Haus, das sie – dank Torstens Großmut, fanden zumindest Steffi und Claudia – mit den Kindern weiterhin bewohnen durfte.

Es dauerte ewig, bis Tanja die Tür öffnete. Und dann hätte ich sie beinahe nicht erkannt. Sie sah schrecklich aus, dünn, mit strähnigem Haar und stumpfem Blick. Wortlos starrte sie mich durch den Türspalt an. Als ich die Tür aufschob und sie in den Arm nahm, begann diese Frau, die immer alles unter Kontrolle gehabt hatte, sofort zu weinen und hörte sehr, sehr lange nicht mehr damit auf.

Irgendwann entschuldigte sie sich bei mir und bot mir einen Kaffee an, wankte mir voraus in eine Küche, die ich immer nur blitzend und blinkend erlebt hatte und die ich nun in ihrem ganzen Chaos kaum wiedererkannte.

Tanja trug eine Jogginghose, die vermutlich einem ihrer Söhne gehörte, und ich unterdrückte mühsam den Impuls, das Geschirr, das herumstand, aufzuräumen. Sie tat mir furchtbar leid. In meiner Hollywoodvorstellung verlassen Frauen aus einer emotionalen Überlegenheit heraus ihre Männer, sind stolz und klar, haben ihr Leben im Griff, und von diesem Moment an haben sie die beste Zeit ihres Lebens. Sie sind unabhängig und frei. Und selbst, wenn sie für sich und ihre Kinder kämpfen müssen, so haben sie keine Zweifel, dass sie genau das Richtige getan haben. Sie gewinnen. Immer. Sie sind schön und großartig und sowieso die Guten. Die Kinder halten zu ihnen, und bestenfalls kämpft der Mann dann doch noch um ihre Liebe, die sie aber dann stolz zurückweisen.

Hollywood Ende. Hier, in dieser Vorstadtküche, stand keine dieser Frauen, sondern ein Häuflein Elend, das plötzlich und sehr gründlich aus ihrer Vorstellung von einem idealen Leben katapultiert worden war und nun völlig hilflos in eines hineingetaumelt war, das sie gar nicht kannte.

In der Küche traf ich auf Sabine. Sie erinnern sich: Die Singlefreundin. Wir hatten uns ziemlich lange nicht gesehen. Ich gebe es zu: Als ich sie da sitzen sah, vermutete ich, dass sie gekommen war, um Tanja das Singleleben schmackhaft zu machen und sie ab jetzt mit zu ihren großartigen Spaßunternehmungen zu schleppen. Ihr Engagement in Ehren, aber Tanja sah nicht so aus, als könnte sie überhaupt das Haus verlassen, geschweige denn Spaß haben. Und darum war es in Sabines Leben ja doch vordergründig immer gegangen.

»Das denkst du?« Sabine lachte zwar, aber ich sah die Erschöpfung dahinter hindurchscheinen. Kein Wunder, wenn man so viel auf Achse ist. »Ja, es ist schön auszugehen, zu wandern und Freiheit zu genießen. Es macht Spaß, und ich habe meine Freundinnen und Freunde alle sehr gern. Aber ganz ehrlich: Ich würde die große Clique und all die Leute sofort eintauschen gegen einen Partner, mit dem ich diese besonderen Momente gemeinsam erleben und teilen kann.«

Damit hatte ich nicht gerechnet. Ich dachte für einen Moment dankbar an den Abend davor, als ich meinem Mann bei einem Glas Wein von meinem Tag erzählt hatte. Er hatte mir zugehört. Hatte dann irgendetwas dazu gesagt. Vielleicht war es kein tiefgründiges Gespräch und wir hatten kein weltbewegendes Problem gelöst, wir hatten nicht den ganzen Abend gelacht oder geweint oder sonstwie intensive Gefühle geteilt. Es waren nur ein paar Sätze, bevor wir uns noch auf die Couch gelegt und gemeinsam einen Film angeschaut hatten. Nichts Besonderes.

Dass es eben doch besonders war, begriff ich erst, als Sabine fortfuhr: »Freiheit ist toll, aber nur, wenn man sie nicht immer hat. Dann wird das großartige Gefühl nämlich ganz schön schnell zur Gewohnheit, und von dort aus ist es nicht mehr weit zur Einsamkeit. ›Freedom is just another word for nothing left to loose‹«, singt sie den Refrain von Janis Joplins Lied. »Nein, ich will nicht allein sein. Aber ich habe keine Wahl. Glaubst du wirklich, das habe ich mir so ausgesucht?«, fährt sie fort. »Ich bin nicht hier, um Tanja zu sagen, wie cool das alles ist. Sondern um ihr zu sagen, dass sie auf mich zählen kann, wenn sie jemanden zum Reden braucht. Jemand, der weiß, wie lang die Abende sein können, wie mühsam es ist, sich in die Steuererklärung, Versicherungen oder die Reparatur eines Wasserhahns einzufuchsen. Und dass es nicht halb so spaßig ist, wie man es sich vielleicht vorstellt, wenn man abendelang am Tisch sitzt und sich selbst fragt, was die Zukunft bringen, ob das Geld reichen und man für immer allein sein wird.«

Und endlich war auch Tanja ehrlich zu uns. Sie erzählte mir von dem unglaublichen Druck, den sie immer empfunden hatte, perfekt sein und sich Torstens Liebe verdienen zu müssen. Ob Torsten diesen Druck aktiv aufgebaut hatte, wusste sie nicht. Sie wusste nur, dass sie aus einem Elternhaus kam, in dem die Rollenverteilung ebenso klar verteilt und auch die Werte so eindeutig definiert waren wie bei Tanja und Torsten. Und wie wenig sie mit Selbstbestimmung und Freiheit zu tun hatten. Oder mit Nähe, Liebe und Fürsorge.

Ich schämte mich sofort. So hatte ich die Geschichten der beiden noch nie betrachtet. Und es tat mir furchtbar leid, wenn ich daran zurückdachte, wie schnell ich sowohl Sabine als auch Tanja in einer Schublade gesteckt und für glücklich befunden hatte.

Natürlich kann man ein absolut glücklicher Single sein. Und Beziehungen können funktionieren, vor allem, wenn beide das Beste wollen und bereit sind, alles dafür zu tun.

Aber aus diesem Grund können sie genauso gut scheitern. Denn die Definition von »das Beste« und »alles« kann sehr gegensätzlich sein, auch wenn man sich liebt – oder gerade dann. Ach, das Leben ist manchmal ganz schön kompliziert.

Tanja, Sabine und ich – an so unterschiedlichen Punkten in unserem Leben. Mit all den Herausforderungen, die sie so mit sich bringen – wir hoben unsere Kaffeetassen. Auf uns, auf die Freundschaft und auf die Ehrlichkeit. Wir beschlossen, uns ab jetzt wieder regelmäßig zu treffen. Nicht nur, um zu reden und vielleicht ein kleines bisschen weniger allein zu sein, sondern weil es manchmal einfach guttut, dank der Geschichten der anderen das eigene Leben und Chaos ein bisschen bewusster wahrzunehmen und zu schätzen – und zu wissen, dass nichts da draußen perfekt ist. Weder das Leben, die Liebe, noch die Menschen. Nur Frauenfreundschaften. Die können Leben retten, dachte ich, als ich sah, wie Tanja mit großen Augen Sabines Tinder-, Parship- und Bumble-Geschichten anhörte und schließlich sogar lachte, als Sabine ihre Top Ten der skurrilsten Dates preisgab. Darüber zu reden tat Sabine gut, zu lachen Tanja, und mir der Hinweis darauf, dass es immer gut ist, genauer hinzusehen und sich nicht von oberflächlichem Glanz blenden zu lassen.

Frauenfreundschaften und andere Tipps

Niemand kann uns davor bewahren, Dinge zu erleben, mit denen wir nicht gerechnet haben und die unser komplettes Weltbild über den Haufen werfen. Aber wir können beeinflussen, wie wir all diese unglaublichen Stürme des Lebens einigermaßen unbeschadet überstehen und die guten Zeiten voller Freude miteinander teilen können.

Dafür brauchen wir keine ganze Stadt, die eine Meinung über uns hat, keine Menschen, deren Erwartungen wir glauben, erfüllen zu müssen. Wir brauchen keine Regeln, die wir uns selbst auferlegen, und keine Fassade, die blitzt und glänzt. Was wir in diesen Zeiten brauchen, ist eine gute, echte, wertschätzende Freundin, die uns gerade in schwierigen Zeiten durch all die Täler und über die Pässe trägt, die wir manchmal kaum allein bewältigen können. Eine Freundin, die uns gut kennt, ist oft besser als jede professionelle Hilfe – sie ist immer für uns da, wenn es darauf ankommt, eine verlässliche Stütze und ab und zu auch eine liebevolle Kritikerin. Voraussetzung: Wir sind ehrlich zu uns selbst und zueinander. Fragen Sie Tanja.

Halten wir zusammen! Seien wir ehrlich. Teilen wir unsere Geschichten. Mit Mann, ohne Mann, Kindern, Hund, Eltern … ganz egal. Jeder hat sein eigenes Päckchen zu tragen, und wir können nicht hinter die Fassaden schauen.

Da fallen mir spontan die Reichen, Schönen und Berühmten ein, die im Rampenlicht stehen und vermutlich alles haben sollten, was die Welt an Luxus, Wertschätzung, Aufmerksamkeit und plakativem Erfolg zu bieten hat – sind die glücklich?

Manche vielleicht. Viele nicht. Sonst gäbe es in der Boulevardpresse nichts mehr über Scheidungen zu berichten. Über Süchte, Entzüge, kriminelle Verwicklungen, psychische Probleme oder einfach nur einen Bad Hair Day.

Und wenn gerade keine Freundin in der Nähe ist, gibt es zahlreiche freie oder auch kirchlich getragene Beratungsstellen für Ehe-, Familien- und Lebensfragen, die sich leicht im Internet finden lassen. Eine Übersicht erhalten Sie beispielsweise über die Deutsche Arbeitsgemeinschaft für Jugend- und Eheberatung e. V.:

www.dajeb.de/beratungsfuehrer-online/beratung-in-ihrer-naehe/

Oder über die Bundeskonferenz für Erziehungsberatung e. V., kurz bke: www.bke.de

Buchtipp: *Eine wahre Freundin ist wie ein BH …* ☺

Nein, nein, ich will keine Laterne basteln!

Ich bin zwar kreativ, aber nur, wenn es nichts mit Ausschneiden und Kleben zu tun hat. Stricken, Weben und sogar Spinnen finde ich okay, auch wenn ich mir schon seit Jahren keine Zeit mehr für derartige Handarbeiten genommen habe. Wenigstens theoretisch wäre ich dazu in der Lage.

Doch die Wahrheit ist: Ich bin miserabel im Basteln! Kein Wunder, dass es mir keinen Spaß macht. Ich konnte es einfach noch nie leiden! Also habe ich schon in meiner Jugend beschlossen, es lieber bleiben zu lassen. Punkt.

Es vergingen mehrere bastelfreie Jahre, sogar Jahrzehnte, doch dann änderte sich alles: Ich hatte ein Kind im Kindergartenalter.

Eines Tages brachte mein damals Vierjähriger einen Zettel mit nach Hause, der mir fast wie eine Vorladung vorkam, auch wenn »Einladung« darüberstand. Genauer gesagt: »Einladung zum Laternenbasteln«.

Sie können sich vorstellen, wie schockiert ich war! Wer rechnet denn mit so was?

Natürlich gab es auch in meiner Kindheit schon Laternenumzüge, aber damals kaufte man die Laternen einfach. Im Geschäft. Gegen Geld. Dazu sind Läden schließlich da! Ich schlachte doch auch kein Rind, nur weil ich mal ein Steak essen will.

Und jetzt so was. Offenbar hatte sich in den drei Jahrzehnten seit meiner Rabimmel-Rabammel-Rabumm-Phase die Laternensituation dramatisch verändert. Zu Ungunsten von uns Eltern.

Ich meine – ist es nicht ohnehin schon schlimm genug, frierend durchs Dorf zu latschen, dabei kindische Gesänge anzustimmen, nur um am Ende klebrige Brezeln und noch klebrigere Kinderglühweintassen zu halten, während die lieben Kleinen ums Martinsfeuer springen? Und dabei zu hoffen, dass sie weder ihre Steppjacken in Brand setzen noch von dem nervösen Gaul des bemantelten Märtyrerdarstellers niedergetrampelt werden. (Davon, dass man keine Hand für einen tröstenden Erwachsenen-Glühwein frei hat, einmal ganz abgesehen.)

All das schoss mir durch den Kopf, während ich bestürzt diese Einladung anstarrte. Doch dann fiel mir glücklicherweise ein, wer wahnsinnig gern bastelt und auch richtig gut darin ist: mein Mann.

Spontan drückte ich ihm den besagten Zettel in die Hand. Und zu meiner großen Erleichterung musste er fast gar nicht dazu überredet werden, diese Aufgabe zu übernehmen. Ja, er freute sich sogar darauf.

Ein paar Tage später war es dann so weit. Der Gatte düste los zum Kindergarten, während ich mir (vermutlich, so genau weiß ich das nicht mehr) einen gemütlichen Abend mit einem schönen Buch machte.

Als er Stunden später nach Hause kam, wirkte er – trotz der wirklich sehr gelungenen Laterne, die er mitbrachte und stolz vorzeigte – irgendwie verstört.

»Die anderen waren echt merkwürdig drauf«, berichtete er. »Dauernd hat mich jemand gefragt, ob ich Hilfe brauche. Ich bin doch nicht zu blöd, so was Simples wie eine Laterne zu basteln.«

Ich fand zwar nicht, dass die eigenhändige Herstellung einer Laterne simpel ist, aber sei's drum.

»Was haben sie denn genau gesagt?«, hakte ich nach.

»Na ja, zum Beispiel: ›Darf ich Ihnen den Kleber reichen, Herr Abidi?‹«

Klang in meinen Ohren jetzt erst mal nicht gerade abwegig.

»Aber das ist doch sehr zuvorkommend.«

»Warum war ich dann der Einzige, zu dem sie so nett waren? Die anderen haben sich Scheren und Kleber geradezu aus den Händen gerissen. Von Höflichkeit keine Spur, im Gegenteil. Der reinste Kampf!«

Mir dämmerte so langsam, was sich da wohl abgespielt hatte.

»Wie viele Väter waren denn außer dir noch dabei?«, fragte ich.

»Väter? Keine. Ich war der einzige.«

Ich prustete los. »Das war dann wohl ein klarer Fall von Hahn im Korb.«

Haben Sie schon mal erlebt, wie sich eine Gruppe von Frauen in einen Haufen alberner Hühner verwandelt, sobald auch nur ein männliches Wesen im Raum ist? Ja, so was gibt es. Erstaunlicherweise. Und genau das scheint meinem Mann widerfahren zu sein.

Er war nicht von der Bastelarbeit, sondern von der Situation an sich reichlich überfordert, denn dieser Einsatz an der Laternenfront blieb eine einmalige Sache. Was aber kein Problem war, denn in den Folgejahren ging unser Sohn mit einer gekauften Laterne auf den Martinsumzug (und irgendwann mit einer Taschenlampe, was eh viel praktischer und cooler war).

Ich erzähle meiner Freundin Sonja diese Anekdote. Sie kann mich gut verstehen. »Als meine Zwillinge im Kindergarten waren, habe ich auch nie gebastelt oder gebacken. Ich konnte es, wollte aber nicht. Mir fehlte dafür schlichtweg die Zeit.«

Kein Wunder – als voll berufstätige Alleinerziehende mit zwei Kindern hatte sie wahrhaft Besseres zu tun.

Das reflexartige Verhalten der anderen Mütter gegenüber meinem Hahn-im-Korb-Gatten kann sie zwar genauso wenig nachvollziehen wie ich, aber sie hat Ähnliches erlebt.

»In der Kita-Gruppe meiner Kinder war unter anderem die Tochter eines alleinerziehenden Vaters. Der erhielt jede Menge Aufmerksamkeit von den Müttern. Die Krönung: Sie boten ihm doch tatsächlich Hilfe im Haushalt an! Die er allerdings dankend ablehnte – er kam nämlich wunderbar allein zurecht.«

Die Frage ist: Warum begegnet man einem alleinerziehenden Vater mit so viel mehr Verständnis und Respekt als einer alleinerziehenden Mutter?

»Der allgemeine Tenor war: Ach, der arme Mann, was der doch alles leistet«, erinnert sich Sonja. »Mütter, die tagtäglich genauso viel oder sogar noch mehr leisten, beurteilt man weniger wohlwollend. Mir jedenfalls hat nie jemand Hilfe im Haushalt angeboten.«

Auch Nicole erlebt wenig Zusammenhalt unter Müttern. Und wenn, dann nur unter solchen mit ähnlichen Lebenskonzepten.

»Apropos Laternenbasteln«, sagt sie, »dabei habe ich neulich eine ganz interessante Beobachtung gemacht. Die Sitzordnung war nämlich, ohne dass das abgesprochen gewesen wäre, eindeutig getrennt in drei Kategorien: voll Berufstätige, Mütter mit Teilzeit- beziehungsweise Minijobs und Vollzeitmütter. Gemischte Tische gab es nicht.«

Nicole, die neben ihrem Ganztagsjob noch eine Ausbildung macht, fühlt sich von der Mehrheit der anderen Frauen als »Rabenmutter« verurteilt, versucht aber, sich nichts daraus zu machen, was Außenstehende über sie denken.

»Egal, für welchen Weg man sich entscheidet, es gibt immer andere, die das falsch finden. Statt sich gegenseitig zu unterstützen, verhalten sich Mütter untereinander oft sehr unsolidarisch. Es gibt noch so viele alte Rollenbilder und Klischees in den Köpfen!«

Das Stichwort heißt »Momshaming« – ein unschönes Phänomen, dem ich in diesem Buch ein eigenes Kapitel widme.

Doch zurück zum leidigen Thema Bastelabende. Auch meine Freundin Henny hat so ihre Erfahrungen damit gemacht. Ungern, denn sie ist in dieser Hinsicht ungefähr so begabt wie ich, aber weil alle hingingen, tat sie es ebenfalls.

»Was für ein Abend!«, erzählt sie. »Die Mütter haben sich zum Teil schlimmer verhalten, als Kindergartenkinder es tun würden. Ich hätte nie erwartet, dass sich erwachsene Frauen um den Kleber streiten würden!«

Henny hat sich Gedanken darüber gemacht, was dahinterstecken könnte. Warum werden Mütter beim gemeinsamen Kreativsein zu Furien?

»Es geht wohl darum, etwas zu beweisen. Wer eine aufwendige Laterne zustandebringt, ist eine perfekte Mutter. Die Laterne soll gar nicht das Kind erfreuen, sondern ist ein Statussymbol. Genau wie bis ins kleinste Detail durchorganisierte Kindergeburtstage oder Do-it-yourself-Schultüten …«

O ja, da sagt sie etwas! Auch Schultüten wurden zu meiner Zeit noch käuflich erworben. Heute ersteht man »Rohlinge« und beklebt sie mit allerlei Dekokrimskrams. Das macht sie weder schöner noch günstiger, eher im Gegenteil. Aber das spielt keine Rolle. Gute Mütter tun so was eben.

Sie ahnen es sicher schon: Mein Sohn hat keine selbstgemachte Schultüte bekommen. Dafür gab es mehrere Gründe. Zum Beispiel meine Angst, das Ding würde am Einschulungstag vor aller Augen aufplatzen … Ich sah schon vor mir, wie sich die Äpfel, Nüsse, Radiergummis und Mini-Lego-Päckchen über den Boden des Klassenzimmers ergossen. Vor dieser Blamage musste ich den Knaben unbedingt bewahren. Vor allem aber wünschte er sich eine in exakt dem Ritterburg-Design, das zu seinem Ranzen passte.

»Genau wie bei Tim«, sagt Henny. »Ich wäre ja durchaus bereit gewesen, ihm eine Schultüte zu basteln, aber er wollte lieber eine gekaufte, und darüber war ich letztendlich sehr erleichtert.«

Dass unsere Söhne die einzigen Kinder ihres Jahrgangs waren, die bei der Einschulung eine verpönte Kauf-Schultüte trugen, war ihnen übrigens herzlich egal. Kinder würden ihre Eltern niemals nach der Qualität ihrer Fähigkeiten im Ausschneiden und Aufkleben beurteilen – das tun nur Erwachsene untereinander.

»Ich finde ohnehin, dass solche Bastelabende völlig sinnfrei sind«, erklärt Henny. »Es wäre etwas anderes, wenn man gemeinsam mit den Kindern basteln würde. Aber gemeinsam mit anderen Erwachsenen, die sich dabei nur übertrumpfen wollen? Davon haben die Kinder doch nicht das Geringste. Völlig absurd, ausgerechnet darüber zu definieren, wer eine gute Mutter ist.«

Ein wahres Wort, wie ich finde.

Man könnte in der Zeit auch mit den Kindern Kekse backen, singen, spielen, durch Pfützen hüpfen … Ach, Ihnen fällt da bestimmt so allerhand ein.

Tatsache ist: Niemand qualifiziert sich durch Eltern-Bastelabende als gute Mutter oder guter Vater. Oder disqualifiziert sich durch Laternen-Streik. Basteln ist kein Liebesbeweis!

Wenn Sie also keine Lust darauf haben, lassen Sie es. Denn natürlich lieben Sie Ihre Kinder! Und notfalls würden Sie garantiert auch eine Schultüte oder eine Laterne für sie fabrizieren, wenn ihr Leben davon abhinge. Aber mal ehrlich: Das tut es nicht. Wirklich nicht. Na also!

Japan sucht die Superstulle

Sorry, die Überschrift ist irreführend. In Japan gibt es keine Schulbrote im herkömmlichen Sinne, und schon gar keine so simplen wie in meiner Schulzeit: zwei Scheiben Vollkornbrot, Butter und Käse drauf, zuklappen, fertig. Nein, dafür würde eine moderne japanische Mutter vermutlich aus der Gesellschaft ausgestoßen!

Okay, bei uns wird man heutzutage auch getadelt, wenn man dem Kind Süßigkeiten mitgibt statt Obst und Rohkost (oder auch nur zusätzlich; Zucker gilt gewissermaßen als Einstiegsdroge).

Aber die Bentō-Boxen, die japanische Mütter für ihre Kinder zaubern, haben mit dem, was hierzulande auf den Pausenhöfen vertilgt wird, wenig zu tun. Die Inhalte dieser Boxen sind nicht nur durchweg gesund, sondern auch wahre Kunstwerke. Da wird auch gerne mal ein Pandabär aus Reis fabriziert mit Ohren aus Oliven, Augen aus Tofu, Wurstbäckchen und Nasen aus Algenblättern.

Solche Kreationen mit ihren aufwendigen Dekorationen erfordern gut und gerne anderthalb bis zwei Stunden Arbeit. Da klingelt dann eben der Wecker schon um fünf – aber es ist ja für einen guten Zweck: das liebe Kind. Seine gesunde Ernährung. Und das eigene Image! (Offiziell geht es aber vor allem um die enge Mutter-Kind-Bindung. Natürlich.)

Ja, auch ein Pausensnack kann zum Objekt des mütterlichen Konkurrenzkampfes werden.

Deshalb treffen sich immer mehr japanische Mütter in Bentō-Box-Kursen, die übrigens auf Monate ausgebucht sind, weil alle lernen wollen, solche

Meisterwerke herzustellen. Plural! Denn selbstverständlich dürfen sich die Kreationen nicht wiederholen. Täglich grüßt der Reis-Panda? Kommt nicht infrage. Kreativität muss sein. So wie bei uns früher. Ich wollte auch nicht täglich ein Schwarzbrot mit Gouda essen. Zur Abwechslung gab's auch mal eins mit Edamer. Oder Emmentaler.

Wie war das eigentlich bei dir, liebe Lucinde, während deiner Zeit in Japan? Ich kann mir kaum vorstellen, dass du dich von Snackboxen ins Burn-out hast treiben lassen …

Der Anspruch

Tatsächlich bin ich ein großer Fan von den Bentō- (oder auch O-Bentō-)Boxen. Klar, es gibt da völlig übertriebene Varianten, die eine Vorbereitungszeit von mehreren Stunden erfordern und, da die Zutaten alle frisch sein sollten, die Mütter dazu bringen, mitten in der Nacht aufzustehen.

Und ja, es stimmt, es gibt wirklich so eine Art Wettstreit, wer die tolleren Zutaten, die kreativeren Arrangements und die lustigeren Gesichter zaubern kann. Aber natürlich ist es jeder oder jedem freigestellt, ob er oder sie daran teilnimmt. Nur so viel: Ich habe mich nicht daran beteiligt.

Das Gute an diesen Boxen ist nämlich, dass man sie wunderbar in jedem großen und kleinen Supermarkt kaufen kann. Und da die Japaner so gut wie alles mit einer unglaublichen Hingabe und Perfektion betreiben, sind diese Boxen auch dort liebevoll arrangiert, superfrisch und vielfältig bestückt. Weil meine Kinder oft an der Schule zu Mittag gegessen haben, kam ich selbst ziemlich oft in den Genuss einer solchen Bentō-Box, die in sehr unterschiedlichen Arrangements angeboten werden. Oft hatte ich keine Ahnung, was sich darin befand, denn ich konnte durch den durchsichtigen Deckel zwar den Inhalt sehen, wusste aber nie, was das hübsch Bunte darin genau war. Das ist wiederum der Nachteil der großen Bentō-Kunst: Man hat einfach keine Ahnung, woraus der süße Pandabär oder das niedliche Auto wirklich ist. Wenn ich mutig war, griff ich nach der buntesten Mischung. Und wenn nicht, dann nach dem Einzigen, was ziemlich offensichtlich war: Reis, Edamame (grüne gedünstete Sojabohnen) und fuureido tschikkin in seiner ganz ursprünglichen Form. Was das ist? Na los, sprechen Sie es aus – sowohl das Gericht als auch Ihre Aussprache ist quasi perfekt Japanisch! ☺

Da konnte mein deutsches Pausenbrot mit Käse und einem Salatblatt natürlich nur bedingt mithalten. Aber dennoch waren meine Kinder satt und haben sich so gut wie nie beschwert. Im Gegenteil: Es gab durchaus japanische Klassenkameraden, die gerne tauschen wollten.

Das Brot der Kinder hatte ich allerdings selbst gebacken, denn den labberigen Toast oder die harten Baguettes waren nicht so meins. Dafür hatte ich einen Schweizer ausfindig gemacht, der Bio-Vollkorn- und Weizenmehl importierte (in Japan sehr schwer zu finden), das auch nur alle paar Wochen verfügbar und exorbitant teuer war. Die hohe Luftfeuchtigkeit in Tokio machte die Lagerung zudem nicht ganz leicht. Also backte ich dann, wenn ich Mehl hatte, einen ganzen Tag lang so viele Brote, wie ich in unserer Tiefkühltruhe unterbringen konnte, und war hinterher völlig am Ende. Aber trotzdem. Ich wollte gutes, vollwertiges Brot für meine Familie haben. Überhaupt wollte ich die beste Ernährung, die reibungslostesten Abläufe und vor allem die glücklichsten Familienmitglieder. Das war mein Anspruch, ohne dass ich mir das je so eingestanden hätte.

Es war auch meine Aufgabe, meine Zuständigkeit und fast schon so was wie meine Definition. Denn schließlich war ich hier die Mutter. Die immer nach Käse suchende Mutter wohlgemerkt. Auch das war nämlich nicht so leicht.

Entweder hatte der Schweizer Mehlimporteur zufällig auch ein Stück unbezahlbaren Gruyère mit dabei, oder man behalf sich eben mit etwas japanischem Käseähnlichen, das zwar so aussah – dafür aber kaum danach schmeckte. Es dauerte ein knappes halbes Jahr, bis sich meine Tochter Lilli traute zu sagen, dass sie … echt gern … auch mal Toast hätte. Mit … Marmelade. Und zwar … gekaufter. Oder … nur Reis. Oder … egal. Hauptsache, nicht immer dieses ewig gleiche, total langweilige und viel zu gesunde blöde Mamabrot.

So, da hatte ich den Salat. Wobei auch der eher selten … aber nicht so wichtig.

Jedenfalls fühlte ich mich sehr vor den Kopf gestoßen. Da hatte ich mir doch wirklich mehr als nur ein Bein ausgerissen, um meinen Kindern ein gutes, leckeres und gesundes Pausenbrot mitzugeben, und dann so was?

Man muss natürlich nicht nach Japan auswandern, um diese Missachtung der mütterlichen Zuwendung erfahren zu können, das geht auch prima in Deutschland. Mütter haben hier mittlerweile ja sogar Apps und Elternabende, Chats und Gruppen, in denen sie sich gegenseitig und sehr subtil zu kulinarischen Höchstleistungen anstacheln – und auch hier wissen es die Kinder nicht immer zu schätzen.

In Tokio fiel es mir nur deshalb noch schneller und deutlicher auf, weil der Aufwand vergleichsweise höher war. Wenn ich allerdings daran denke, was nicht nur asiatische Frauen mit ihren Bentōs, sondern überhaupt Mütter auf der ganzen Welt für die ausgewogene Ernährung ihrer Kinder, ach was, für deren Glück veranstalten, dann wird mir schwindelig.

Selbstverständlich stellte ich das Brotbacken sofort ein.

Aber nicht, weil ich wirklich etwas daraus gelernt hatte, oh nein. Sonst hätte ich mir wohl kaum einen Entsafter zum Geburtstag gewünscht und sofort damit begonnen, den Kindern gesunde Säfte zu pressen, die wohlschmeckend waren, sie mit Vitaminen versorgten und nur ganz heimlich auch gesunde Zutaten wie rote Rüben oder Sellerie enthielten. Das machten meine europäischen Nachbarinnen in unserer Wohnanlage nämlich alle so, und alle Kinder strotzten nur so vor Gesundheit.

Was soll ich sagen? Ich war eben optimistisch und hoffnungsvoll. Und ein wenig unter Druck. Jedenfalls flog mir auch dieses Konzept irgendwann um die Ohren, und das, obwohl ich sogar die Sellerie wegließ. Weil nämlich mein Mann die Mengen an Obst, die er herankarren musste, und den Trester, den ich produzierte, erschreckend fand und sich schlicht weigerte, eine Schubkarre vors Haus zu stellen, nur damit die vielen Schalen und sonstigen Reste abtransportiert werden konnten.

Ich gab auch den Entsafter auf. Fortan kaufte ich manchmal frisch gepressten Orangensaft im Drei-Liter-Kanister, während meine Kinder trotzdem wuchsen und gediehen, obwohl das gar nicht möglich sein konnte, da sie sich in meiner Wahrnehmung miserabel ernährten.

Sowohl dort als auch wieder hier in Deutschland fand ich außerdem, dass sie nicht genug schliefen. Sie waren zu viel am Handy, lernten nicht genug (oder gar nicht) für die Schule und trieben zu wenig Sport, um wirklich gesund sein zu können. Ich machte mir ständig Gedanken, ja regelrecht Sorgen. Um alles. Manchmal konnte ich nicht schlafen oder musste dringend sehr viel Schokolade essen, weil ich das Gefühl hatte, die Kontrolle zu verlieren. Ja, da hilft

Schokolade nur bedingt, ich weiß. Aber Kontrollverlust mit Schoki fühlt sich einfach besser an als ohne.

Vor allem war ich grundsätzlich besorgt, ob sie auch glücklich waren, ob sie genug, überhaupt und die richtigen Freunde hatten, mit denen sie lachen und Dinge teilen konnten, die sie uns nicht erzählen wollten. Ich fragte mich, ob ihre Kindheit und Jugend schön war, ob ich genug oder vielleicht auch zu viel zu ihrem Leben beitrug. Brauchten sie mehr Leitplanken? War ich womöglich zu streng? Oder, was mein Mann behauptete, nicht streng genug? Was würden sie für Erwachsene werden, was für Mütter oder Väter? Was würden sie über ihre ersten zwanzig Lebensjahre sagen – und gab es etwas, das ich besser machen konnte?

Ich fühlte die Verantwortung für einfach alles durch mein Hirn rotieren. War ich ein gutes Vorbild? Sollte ich vielleicht mehr arbeiten – oder weniger? Lachten wir alle genug? Machten wir genügend zusammen? Stritten wir zu viel? Oder vielleicht sogar zu wenig?

Meine eigenen Gedanken machten mich ganz irre, und wenn ich sie mit meinem Mann teilen wollte, sah er mich an, als hätte ich gesagt, ich würde wieder eine Saftpresse kaufen. Nicht begeistert und ziemlich verwirrt. Er verstand nicht einen meiner Gedanken, was mir sofort wieder Sorgen bereitete.

Aber irgendwann in den letzten Jahren, als Kind um Kind das Haus verließ, nur um ein paar Monate oder manchmal auch Jahre später wieder zurückzukommen, bekam ich die eine oder andere Antwort auf meine tausend Fragen – und jede einzelne beruhigte meine auf Dauervibration gestellten Nerven.

- Sie waren mal glücklich und mal unglücklich.
- Sie fanden ihre Eltern, also uns, mal großartig und zwischendurch furchtbar blöd und peinlich.
- Sie liebten uns aber so oder so.
- Sie hatten die Sellerie jedes Mal rausgeschmeckt.

Da begriff ich es endlich. Es machte mich frei und sehr froh: Das Leben und die Kindererziehung haben viel mit Bentō-Boxen gemeinsam. Der Gedanke dahinter ist gut, das Maß allerdings die wesentliche Zutat. Und die eigentlichen Fragen sollten eher so lauten:

- Wer erwartet tatsächlich von uns, dass wir einen Kuchen backen, der alle Nahrungsmittelunverträglichkeiten berücksichtigt, fett- und zuckerfrei ist, dabei wie ein Kunststück vom Konditor aussieht und allen schmeckt – sogar Anna Chiara, die eigentlich nur rohe Möhren isst?
- Wer erwartet, dass das Haus geputzt, die Kinder gebadet, ein vollwertiges Essen gekocht ist?
- Wer erwartet, dass wir immer gut drauf sind und alles im Griff haben?
- Wer erwartet, dass wir Vollzeit arbeiten, toll aussehen, regelmäßig Sport treiben, alle Filme und Theaterstücke kennen und bei politischen Diskussionen mithalten können?

NA?

Ihr Mann? Ihre Kinder? Die Lehrer, Kindergärtnerinnen, Chefs, Ihre Eltern und Ihre Freunde?

Nicht wirklich, oder?

Diesen Anspruch haben Sie nämlich ganz allein. Klar, unsere Umwelt freut sich darüber, wenn wir stark und belastbar sind und alles alleine schaffen. Aber das ist nicht der Grund, warum sie uns lieben (und wenn, dann ist es nicht der richtige). Sie lieben uns, weil wir wir sind. Wir müssen nicht perfekt sein. Wir müssen nicht alles alleine wuppen. Kein Mensch braucht diesen Druck. Wir dürfen den großen und kleinen Menschen in unserem Umfeld ruhig ein bisschen was zutrauen. Zum Beispiel, dass sie ganz von selbst groß werden, auf sich aufpassen und auch ganz gut für sich sorgen können. Auch ohne, dass wir uns ständig darum kümmern. Und vielleicht sogar gerade dann.

Für den Notfall

Erinnern Sie sich noch an die Schlussworte, die Nina Ruge, die ehemalige »Leute heute«-Moderatorin zu ihrem Markenzeichen entwickelt hat? Sie sagte jeden einzelnen Abend: »Alles wird gut.« Beruhigend hörte sich das an. Hoffnungsvoll. Und so, als würde der nächste Tag irgendwie besser werden als der heutige.

Ich würde da sogar noch einen Schritt weitergehen und behaupten: »Alles ist gut.«

Wenn man es genau betrachtet, natürlich nicht. Irgendwas ist immer – das weiß niemand besser als ich. Aber im Grunde geht es ja nicht darum, das eigene Leben über die Defizite zu definieren – sondern über all die Ressourcen, die da sind.

Okay, die Kinder essen kein Gemüse – das ist schade. Aber dafür lieben sie Obst und sind den ganzen Tag draußen! Gut so!

Der Blickwinkel, der für diesen Moment am hilfreichsten ist, entscheidet. Für den muss man sich manchmal aber ein wenig rausnehmen, zurücklehnen, tief durchatmen und … loslassen. Die Ansprüche. Die ewig kreisenden Gedanken. Und den Druck, nicht weniger als Supermom zu sein.

Ganz genau: Atmen Sie. Ein – und wieder aus. Mit offenen oder geschlossenen Augen. Ganz egal. Nur ein. Und wieder aus. Ein. Und wieder aus. Nichts denken. Nichts organisieren. Nichts glauben. Nichts müssen. Ein. Und wieder aus. Geht's schon wieder besser?

Und wenn Sie sich mal in professionelle Hände begeben wollen: Atemtherapeuten und -therapeutinnen erfreuen sich immer größerer Beliebtheit. Adressen gibt's im Internet und Videos dazu auf YouTube. Probieren Sie es aus!

Last abladen – aber wohin?

Sofern Sie nicht alleinerziehend oder Single sind, ist Ihr Partner Kandidat Nummer eins, um Sie zu entlasten. Auch wenn er selbst furchtbar eingespannt ist (ja, aber Sie ebenfalls!) und es vielleicht etwas Überzeugungsarbeit kostet. Schließlich sind Sie ein Team! Und Teamwork gehört nicht zufällig zu den wichtigsten Soft Skills überhaupt …

Bei uns beispielsweise trägt mein Mann den größeren Teil der Last. (Okay, er denkt dasselbe von mir, also wird es schon irgendwie fair verteilt sein.)

Wer welchen Teil übernimmt, haben wir nicht ausdiskutiert oder ausgewürfelt, sondern das hat sich einfach so ergeben. Nach unseren Vorlieben und Fähigkeiten. Klappt hervorragend.

Ich habe mich umgehört, wie das mit dem Lastabgeben bei anderen Paaren funktioniert. Und darf schon verraten: Sehr, sehr unterschiedlich.

Die Männer-machen-Outdoor-Lösung

Wie bei vielen Paaren haben Henny und ihr Mann die Zuständigkeitsbereiche nach »im Haus« und »draußen« aufgeteilt. Wobei, so ganz stimmt das nicht – er ist auch für Finanzen und das Kochen zuständig. Sie managt (gemeinsam mit einer Haushaltshilfe und den Kindern) das Putzen, Waschen, Bügeln, Einkaufen und alles, was mit der Schule und den Freunden der Kinder zu tun hat, Elterntaxi inklusive.

Ich frage Henny, ob sie diese Aufteilung als fair empfindet. Sie lacht. »Wenn man den Zeitaufwand vergleicht, ist es durchaus fair. Die Frage ist, was mehr Kraft kostet. Okay, für mich wäre es auch anstrengend, wenn ich Reifen wechseln, die unzähligen Fahrräder reparieren oder den Rasen mähen müsste. Andererseits kann Gartenarbeit ja durchaus auch entspannend sein.« Ich verstehe – fünf Kinder können definitiv mehr stressen als ein Rosenbeet. (Zumal Rosenbeete besser planbar sind und auch selten am Sonntagabend ankommen, weil sie für den nächsten Schultag noch fünf leere Klorollen, einen orangefarbenen Ordner und das Bernsteinzimmer mitbringen müssen …)

Wie im Kapitel *Wenn das Drandenken nicht so anstrengend wäre* beschrieben, haben sich auch Dagmar und ihr Mann für die Indoor-Outdoor-Regelung entschieden. Inzwischen ist sie damit aber nicht mehr so ganz zufrieden.

»Er ist schon Rentner, während ich noch arbeite. Ich finde, wir müssten die Aufgaben neu verteilen, denn er hat jetzt ja viel mehr Freizeit als ich. Doch leider sieht er das überhaupt nicht ein.«

Vielleicht eine Frage der Erziehung, der Generation – und der Gewohnheit? Auf jeden Fall zeigt Dagmars Beispiel eine fiese versteckte Stolperfalle in Sachen Fairness auf. Bitte nicht reintreten!

Hauptsache halbe-halbe, ob mit oder ohne Checklisten

Tanja, Marion und Anke sind alle drei verheiratet, kinderlos und voll berufstätig – jeweils in fordernden Jobs.

»Ich habe mir jahrelang zu viel abverlangt und bin schließlich im Burn-out gelandet«, erzählt Tanja. »Danach haben wir die Aufgaben zu Hause komplett umverteilt. Jetzt bin ich nicht mehr allein für alles zuständig, sondern es ist wirklich fair geregelt. Ein ganz neues Lebensgefühl.«

Anke liebt den Trubel auf der Arbeit. Die Hausarbeit haben ihr Mann und sie aufgeteilt. »Das funktioniert seit Mitte der Neunziger richtig gut«, sagt sie. »Wir machen das partnerschaftlich. Damit alles reibungslos abläuft und nichts vergessen wird, haben wir Checklisten.«

Perfektionistin Marion, die in ihrer Ehe die Hauptverdienerin ist, muss sich selbst manchmal zurücknehmen. »Mein Mann und ich haben die Aufgaben einigermaßen gerecht aufgeteilt. Wenn ich dann mit seiner Arbeit nicht zufrieden bin, dann ist das ja mein Problem.«

Ja, ohne Kompromisse geht es nicht. Denn die Alternative wäre die völlige Überlastung, und dass das eine sehr schlechte Idee wäre, weiß Marion nur zu gut: »Wichtig am Multitasking ist, dass man weiß, wann Schluss ist«, sagt sie. »Wir Frauen müssen lernen, es nicht allen recht machen zu wollen, nur um geliebt zu werden.« Sehr weise Worte!

Geheimrezept: Liebe und Wertschätzung

Als Simone schwanger wurde, war sie gerade mal siebzehn und noch Schülerin, ihr Mann steckte mitten in seiner Ausbildung. »Ich war ein verwöhntes Einzelkind«, erinnert sie sich. »Als wir geheiratet haben, musste mein Mann mir erklären, wie die Waschmaschine funktioniert. Er kannte sich im Haushalt gut aus, weil seine Mutter oft krank war.«

Um die Kindererziehung kümmerten sie sich von Anfang an gleichermaßen. »Im Haushalt dagegen hat mein Mann schon immer mehr gemacht als ich«, gibt sie zu. »Ich backe und koche gern, alles andere macht er oder unsere Putzfee.«

Dass er mehr verdient als sie, spielt dabei keine Rolle, denn Simone arbeitet mindestens genauso viel wie er.

Mentale Überforderung kennt sie dennoch. »Aber wenn, dann liegt das an mir selbst – ich habe immer tausend Ideen im Kopf und will sie dann auch möglichst alle umsetzen. Es kann schon vorkommen, dass ich drei Fortbildungen gleichzeitig anfange«, erzählt sie. »Zum Glück wurde ich quasi tiefenentspannt geboren. Ich schaffe es auch, im allergrößten Saustall in Ruhe ein Buch zu lesen.« Wobei das Durcheinander größtenteils von ihrem Mann stammt – er ist derjenige, der ständig alles liegenlässt.

»Ich schaue darüber hinweg«, sagt sie. »Basis einer guten Ehe ist doch die gegenseitige Wertschätzung. Wir haben uns gemeinsam entwickelt und positiv geformt. Da werden die Macken des anderen mitgetragen.«

Letzter Ausweg: der Schlussstrich

Anders als bei Simone spielte bei Hanna die Frage »Wer verdient mehr?« durchaus eine große Rolle. Wie im Kapitel *Let's talk about money* beschrieben, weigerte sich ihr Ehemann mit genau diesem Argument, seinen Teil zur unbezahlten Care-Arbeit beizutragen. Was zur Folge hatte, dass Hanna – neben ihrem Job – zu Hause quasi Mädchen für alles war. Leider ohne entsprechende Wertschätzung, im Gegenteil. Auch eine Eheberatung brachte nichts.

»Der Mental Load war erheblich«, erinnert sie sich. »Aber das hat sich erledigt: Ich habe beschlossen, das nicht länger mitzumachen, und habe meiner Familie gekündigt.«

Seit etwa einem Jahr lebt Hanna in einer eigenen Wohnung. Die Kinder, inzwischen siebzehn und zwanzig, sind beim Vater im Haus geblieben. An Weihnachten hat Hanna ihnen eine Mikrowelle geschenkt – quasi als Ersatz.

»Inzwischen wissen sie auch, wo die Waschmaschine steht«, sagt sie. »Ab und zu besuche ich sie – und bin dann ganz erstaunt zu sehen, wie ordentlich und sauber es ist. Das gibt mir schon einen Stich.«

Andererseits tut es sicher gut zu erleben, dass es auch funktioniert, ohne dass sie sich komplett aufreibt. Vielleicht hätte Hanna schon früher mal streiken sollen? So wie die isländischen Frauen, die 1975 geschlossen die Care-Arbeit niederlegten und damit das Land erst ins Chaos stürzten und es dann nachhaltig veränderten. Manchmal sind Revolutionen eben doch effektiver als die natürliche Entwicklung.

Durchhalten und Tee trinken

Alles ist relativ – auch der Mental Load. Was manche stressen würde, das schaffen andere mit links. Oder es fühlt sich für sie entspannt an, weil sie zuvor Schlimmeres gewohnt waren.

So wie bei Esther: Es gab Zeiten, da hatte sie nicht nur einen Ehemann, Kinder und den Haushalt, sondern auch ein Geschäft und mehrere pflegebedürftige Verwandte, um die sie sich kümmerte. »Jetzt sind nur noch Haus und Beruf übrig geblieben«, sagt sie, »das ist vergleichsweise sehr komfortabel.«

Mental Load ist tatsächlich auch eine Frage der Lebensphase. Vor allem zwischen dreißig und Mitte vierzig, wenn sich sowohl familiär als auch beruflich sehr viel bewegt, fühlen sich die meisten Frauen extrem überfordert. Falls das bei Ihnen gerade so ist, tröstet Sie vielleicht der Gedanke: Manches wird früher oder später von selbst besser.

Übrigens: Auch der Wegfall der Belastung kann einen aus der Bahn werfen – diese Erfahrung hat Steffi gemacht, nachdem ihre Mutter nach schwerer Krankheit gestorben war und wenig später ihre Kinder das Nest verließen. »Damals bin ich erst mal in ein Loch gefallen, eben weil da keine Aufgabe mehr war. Ich musste lernen, damit klarzukommen, dass ich plötzlich jede Menge Zeit für mich hatte.«

Inzwischen kommt sie wieder mehr zum Lesen und dreht lange Gassirunden mit ihrem Hund – beides perfekte Mittel gegen Mental Load.

Zurück zur Ausgangsfrage: Wohin mit der Last?

Dass Partner und Nachwuchs einen Teil der belastenden Aufgaben übernehmen, ist nur eine Möglichkeit von mehreren. Hier noch ein paar weitere:

Hilfe von Eltern und Großeltern annehmen
Wenn Unterstützung aktiv angeboten wird, neigen wir oft dazu, sie aus diversen Gründen abzulehnen. Zum Beispiel, weil wir beweisen wollen, dass wir es auch so hinkriegen. (Ja, aber um welchen Preis?) Oder weil wir die älteren Generationen schonen wollen.

Weg mit falschem Stolz und übertriebener Rücksichtnahme! Es geht ja nicht darum, jemanden zu überreden oder gar auszubeuten. Wer nicht wirklich helfen will, wird solche Vorschläge von sich aus sowieso nicht machen.

Tatsache ist, dass Eltern und Großeltern manchmal Zeit im Überfluss haben und sich nach einer Aufgabe sehnen. Gebraucht zu werden, ist ja auch ein gutes Gefühl. Und es fällt Ihnen kein Zacken aus der Krone, wenn Sie zugeben, dass Ihnen ein bisschen Unterstützung das Leben sehr erleichtert!

Teamwork unter Frauen

Statt sich – wie im Kapitel *Momshaming* beschrieben – gegenseitig zu bashen, ist es doch viel vernünftiger, zusammenzuarbeiten. Fahrgemeinschaften sind dafür ein super Beispiel. Oder wie wäre es, wenn Sie abwechselnd die Kinder am Mittagstisch beköstigen? Das spart Zeit und Nerven – und den lieben Kleinen bringt es noch jede Menge Spaß!

Entlastung ist käuflich

Wenn Sie beispielsweise eine Putzhilfe oder eine Wasch- und Bügelfee einstellen, dann haben Sie nicht nur die Arbeit outgesourct, sondern werden zugleich auch das schlechte Gewissen los: Da liegt Staub? Und dort ist ein Fleck? Der Wäschekorb quillt über? Egal, das geht Sie nichts an. Ist nicht Ihr Job! Sie sind keine liederliche Hausfrau und schon gar keine Versagerin, bloß weil es in Ihrer Wohnung nicht aussieht, als könnte man vom Boden essen. (Warum sollte man das auch tun? Sie haben schließlich einen Tisch. Und Teller! Na also.)

Oookay, ich höre schon die Einwände: Lohnt sich das denn überhaupt? Was man so einer Haushaltshilfe bezahlt, muss man ja auch erst mal netto verdienen! Und wenn dann noch die Kosten für die Kinderbetreuung dazukommen, kann man ja auch gleich …

Nein, kann man nicht! Das ist eine Milchmädchenrechnung, wie das Kapitel *Let's talk about money* eindeutig zeigt. Und außerdem: Sobald Sie in dem Job, in dem Sie richtig gut sind und Anerkennung bekommen, glücklicher sind, lohnt es sich allein schon dafür!

Mut zur Lücke!

Der Boden muss nicht täglich gewischt werden. Die Geburtstagseinladungen müssen nicht handgeschrieben sein. Die T-Shirts sehen auch ungebügelt gut aus. Und ab und zu tut's auch eine Fertigpizza.

Manche Aufgaben, die uns belasten, müssen wir gar nicht delegieren – wir können sie einfach unerledigt lassen. Was glauben Sie, wie vielen Leuten es auffällt, wenn Sie dieses Jahr einfach mal keine Weihnachtspost verschicken? Na also! Ach, Ihnen fällt bestimmt noch jede Menge ein, was Sie getrost weglassen können. Am besten, Sie notieren Ihre Not-to-dos gleich hier:

Ja, wir Frauen tragen meistens einen größeren Teil der Last. Und wir empfinden das als ungerecht. Doch tun wir etwas dagegen? Ich meine, außer uns zu beklagen? Leider viel zu selten. Das sollte sich ändern! Am besten ab heute.

Warum tun wir das einander an? Momshaming

Kennen Sie Harmony? Nein? Doch, tun Sie. Denn Harmony, das sind wir alle … irgendwie. Sie ist eine nette Frau mit nettem Partner, netten Kollegen und einem Job, den sie mag. Sie kann gut schlafen, ohne dass kreisende Gedanken sie davon abhalten. Harmony kommt mit allen gut aus. Sie steht nicht auf Konflikte. Deshalb umgibt sie sich nur mit Menschen, die ihr guttun. Die sie wertschätzen und nicht runterziehen. Harmonys Leben ist schön! Friedlich. Entspannt.

Und dann wird sie schwanger …

Es fängt ganz harmlos an mit einer beiläufigen Frage.

»Hast du dich eigentlich schon mit einer Hebamme in Verbindung gesetzt?«, fragt ihre Nachbarin.

Ähm. Nein, hat sie noch nicht. Harmony ist gerade mal im vierten Monat, man sieht ja noch fast gar nichts. Für solche Dinge bleibt doch noch ewig Zeit, oder?

»Na ja«, sagt die Nachbarin und runzelt die Stirn. »Ich mein ja nur. An deiner Stelle hätte ich das schon längst in Angriff genommen.«

Peng. Das war's. Harmony spürt noch nicht einmal erste Kindsbewegungen, und dennoch hat sie als Mutter bereits versagt. Das muss sie erst mal verdauen.

Doch dann kommen schon die nächsten Vorwürfe – wobei: Nein, es sind ja eigentlich eher Ratschläge. Aber es fühlt sich nicht so an, als wären sie wirklich gut gemeint, zumal sie ungefragt kommen. Jeder und vor allem jede meint auf einmal, sich in Harmonys Leben einmischen zu können.

»Du isst Salami? Du weißt aber schon, dass das dem Baby schaden könnte?«

»Wie, du meidest Rohmilchkäse? Also ich hab in meiner Schwangerschaft alles gegessen, worauf ich Lust hatte, und meinen Kindern hat es nie geschadet. Im Gegenteil, es stresst die Babys, wenn sich die werdende Mutter zu viele Sorgen macht.«

»Du trainierst noch? Hast du das denn mit deiner Gynäkologin abgeklärt? Jetzt an deine Figur zu denken ist aber ganz schön egoistisch.«

»Achtest du nicht auf dein Gewicht? Gerade bei Frauen, die schon vorher zu viel auf die Waage gebracht haben, ist das aber wichtig.«

»Du machst doch hoffentlich keine Diät, oder? Für eine Schwangere bist du irgendwie zu mager.«

»Du trinkst Kaffee? Der ist aber hoffentlich entkoffeiniert!«

»Du planst eine Flugreise? Willst du das wirklich riskieren?«

»Du lässt dich befördern? Wie kannst du an Karriere denken, wenn du ein Kind bekommst? Als Frau musst du dich doch entscheiden.«

»Der Geburtstermin ist an Weihnachten? Hättest du das nicht besser planen können?«

Harmony ist fix und fertig. Dabei versucht sie wirklich, alles richtig zu machen. Hat inzwischen auch schon einen

Kreißsaal besichtigt und einen Geburtsvorbereitungskurs absolviert. Wobei Letzterer eigentlich Gift für ihr Harmoniebestreben war, denn gerade dort bekam sie so allerhand wohlmeinende Sprüche zu hören, vor allem von Frauen, die in Sachen Mutterschaft über mehr Erfahrung verfügen.

Ob das wohl besser wird, wenn das Baby endlich geboren ist?

Tja, liebe Harmony, tut mir sehr leid – aber nein. Im Gegenteil!

Harmony ist wirklich eine vorbildliche Mutter. Sie besucht einen Rückbildungskurs, geht mit der kleinen Amy zum Babyschwimmen, singt ihr vor, unternimmt mit ihr lange Spaziergänge, versäumt keine einzige Vorsorgeuntersuchung … Und doch hat sie das Gefühl, das alles genügt nicht.

Ob beim Familientreffen, in der Krabbelgruppe oder im Park, überall wird sie belehrt, kritisiert, bewertet.

»Wie, du hattest eine PDA? Na ja, immer noch besser als ein Kaiserschnitt. Aber das richtige Geburtserlebnis hast du dir damit verdorben. Der Schmerz ist … bewusstseinserweiternd!«

Nun ja, Harmony hatte über Stunden hinweg unerträgliche Schmerzen, und es wäre ihr lieber gewesen, das alles nicht so bewusst miterleben zu müssen. Aber vielleicht lag das ja an ihr? Hat sie doch nicht richtig geatmet? Oder war zu verkrampft?

»Wie, du stillst nicht mehr? Na, kein Wunder, dass du nicht schneller abnimmst.«

Doppeltreffer! Natürlich hätte Harmony gerne gestillt, aber es hat einfach nicht geklappt. Manchmal ist das eben so. Sie hat sich die Entscheidung nicht leicht gemacht, aber Amy entwickelt sich ganz prima, seit sie die Flasche bekommt, ist viel zufriedener und schläft auch besser. Sogar ihre Hebamme hat Harmony zu diesem Schritt geraten. Und doch gerät sie jetzt wieder ins Zweifeln … Und dann ist da ja noch die Sache mit den Schwangerschaftskilos, die sie bisher nicht losgeworden ist. Eigentlich hat das für Harmony gerade keine Priorität. Aber vielleicht bedeutet das ja, dass sie sich gehenlässt? Verflixt, vielleicht sollte sie doch eine Diät machen.

»Achtest du auch darauf, dass die Kleine immer auf dem Bauch liegt? Und gib ihr bloß keinen Schnuller!«

»Falsch, sie sollte immer auf dem Rücken liegen – und du musst sie herumtragen, so oft du kannst.«

»Unsinn, zu viel tragen schadet nur!«

Himmel – könnten sich diese selbsternannten Spezialistinnen wenigstens mal einig sein?

»Ernsthaft, du lässt dein Kind impfen? Willst du dieses Risiko wirklich eingehen?«

Ja, klar lässt sie Amy impfen, sie will sie ja schützen! Tun das denn nicht alle? Und welches Risiko überhaupt? Harmony ist verwirrt.

»Wir haben gar keinen Kinderwagen, das Tragetuch ist viel natürlicher und stärkt die Bindung!«

Harmony kommt mit diesem blöden Tuch aber nicht zurecht, außerdem kriegt sie Rückenschmerzen, wenn sie Amy zu lange trägt. Und der Buggy ist doch so praktisch …

»Wie, Amy kann noch nicht krabbeln? Sicher, dass mit ihrer Entwicklung alles in Ordnung ist?«

Eigentlich ja. Amy ist ein völlig normales, rundum gesundes und quietschfideles Baby. Das sagt auch der Kinderarzt. Aber Tatsache ist: Sie krabbelt nicht. Herrje!

Übrigens hat Harmonys Tochter schließlich doch noch krabbeln gelernt – aber erst, als sie schon laufen konnte. Das ist bei manchen Kindern eben so – sie sind ja kleine Menschen und keine Maschinen.

Doch mit dem Älterwerden der Kleinen werden die Themen, zu denen Harmony belehrt wird, immer vielfältiger.

»Was, in dem Alter schiebst du sie schon in eine Kita ab? Das würde ich nicht übers Herz bringen«, muss sie sich beispielsweise auf dem Spielplatz von einer anderen Mutter anhören. In wohlmeinend-freundlichem Ton vorgetragen ist diese Frage in Wahrheit ein schlecht getarnter Vorwurf an Harmonys Lebenskonzept.

Ja, sie liebt ihren Job und möchte wieder arbeiten gehen. Und Amy liebt das Zusammensein mit den anderen Kindern. Beide sind zufrieden. Ist das nicht wunderbar?

Offenbar nicht, denn die überzeugte Stay-at-Home-Mom fühlt sich durch Harmonys Entscheidung regelrecht angegriffen.

Harmony weiß – wie meistens in solchen Fällen – gar nicht, was sie darauf antworten soll. Aber das muss sie auch nicht, denn eine andere Mutter mischt sich ungefragt in das Gespräch ein und greift nun ihrerseits die Vollzeitmutter an: »Dass du das aushältst, den ganzen Tag nur Babykram – fehlt dir da nicht die intellektuelle Herausforderung? Also ich würde mich ohnehin niemals in finanzielle Abhängigkeit von einem Mann begeben …«

Harmony sieht zu, dass sie Land gewinnt. Diesen Spielplatz wird sie wohl in Zukunft lieber meiden.

Aber sie kann dem Momshaming – so der Fachbegriff für den Konkurrenzkampf inklusive verkappter Feindseligkeiten unter Müttern – einfach nicht entgehen.

Neulich hat sie in einer Müttergruppe einmal zugegeben, dass sie unter Schlafmangel leidet, seit die Kleine auf der Welt ist. Die Reaktionen reichten von »Dann hättest du wohl lieber kein Kind bekommen sollen« über »Also *mein* Kind schläft super durch, da machst du wohl was falsch« bis zu »Pah! Ich schlafe schon seit Jahren nicht mehr«.

Sticheleien wie »Also, uns kommt ja kein Plastikspielzeug ins Haus« oder »Unser Kind bekommt ausschließlich Biokost – hat Amy da etwa tatsächlich ein Weißmehlprodukt in der Hand?« lässt sie inzwischen nicht mehr an sich heran. Beziehungsweise sie versucht es. Wenn andere Mütter sich über Markenklamotten kontra Fair-Trade-Baumwollprodukte streiten oder den Stoff-oder-Wegwerfwindel-Kampf austragen, möchte Harmony am liebsten rufen: »Amy bekommt nur handgeklöppelte Seidenwindeln«, doch das wagt sie dann doch nicht. Ein Lacher würde zwar für Entspannung sorgen, aber sie will sich auch nicht zur Zielscheibe neuer Konflikte machen. Seufz.

Harmony wird noch allerhand mobbende Mütter erleben, bis Amy groß ist (und darüber hinaus! »Was, deine Tochter hat nicht studiert? Meine ist Zahnärztin!«). Sie wird dafür kritisiert werden, dass ihre Tochter kein Instrument lernt, keinen Chinesischkurs besucht, lieber mit Actionfiguren als mit Puppen spielt (oder umgekehrt), gerne schwarze Hosen oder rosa Kleider trägt. Und natürlich dafür, dass Harmony sie zu sehr verwöhnt, zu wenig bemuttert, zu sehr fordert oder ihr zu viel durchgehen lässt.

Und man wird jede schlechte Note, die Amy schreibt, jede freche Antwort, die sie gibt, und jeden Pickel, den sie im Gesicht bekommt, auf Harmonys Berufstätigkeit zurückführen. Und dann geht das ganze Drama mit den Enkeln nahtlos weiter. Denn natürlich ist auch Amy keine perfekte Mutter – wie könnte sie auch, bei so einem schlechten Vorbild?

Harmonys Partner dagegen muss sich solche Vorwürfe niemals anhören – und wenn, dann prallen sie an ihm ab. Er hat, wie die meisten Männer, einen angeborenen Schutzpanzer gegen so etwas. Manchmal beneidet sie ihn darum.

Und sie fragt sich, warum Frauen das einander antun. Ist es Neid? Unsicherheit? Fühlen sie sich stärker, wenn sie andere herabsetzen? Vielleicht. Eigentlich will sie es gar nicht verstehen – sie will nur, dass es aufhört.

Aber Harmony weiß inzwischen, dass sie nicht allein ist. Sicher haben auch Sie den einen oder anderen Spruch wiedererkannt. Das Wissen, anderen geht es genauso, ist ein gewisser Trost und gibt Kraft. Das und diese Tipps.

Was tun gegen mobbende Mütter?

- Versuchen Sie gar nicht erst, es allen recht zu machen. Klappt sowieso nicht. Machen Sie sich klar, welcher Weg für Sie selbst und Ihre Familie der richtige ist, und lassen Sie sich durch Sticheleien und Kritik nicht davon abbringen.

- Selbst wenn Perfektion möglich wäre – die Gleichung »perfekte Mutter = erfolgreiches Kind« geht ohnehin nicht auf. Versuchen Sie einfach, keine ganz furchtbare Mutter zu sein. Dann stehen Ihrem Kind alle Türen offen.

- Harmonie ist wunderbar, aber manche Konflikte müssen einfach ausgetragen werden. Den Besserwisserinnen einfach mal entschieden widersprechen und ihnen klarmachen, dass ihre »Tipps« unerwünscht sind, kann Wunder wirken!

- Seien Sie – ausnahmsweise – mal ein bisschen mehr wie ein Mann, ignorieren Sie das Mombashing und tappen Sie nicht in die Selbstzweifel-Falle. Hat Ihr Partner etwa Bedenken, kein guter Vater zu sein? Sehen Sie!

- Leben Sie selbst das Gegenteil von Momshaming vor: Seien Sie verständnisvoll und wertschätzend anderen Frauen gegenüber, ob Mütter oder nicht. Sagen Sie doch einfach mal: »Du kriegst das toll hin« oder: »Deine Kinder wirken so zufrieden.« Kostet keinen Cent, übrigens. Wir sollten uns gegenseitig unterstützen! Frauenpower statt Mental Load!

Fun Fact: Mental Load, die Sie sich gar nicht erst aufbürden lassen, kann Sie auch nicht belasten!

Das Mütter-Bullshit-Bingo

Du lässt aber auch alles durchgehen.	Kleine Kinder sind ja so anstrengend! Wie gut, dass wir das hinter uns haben …	Warte nur, wenn sie erst in den Kindergarten kommen.	Mein Kind kann aber schon sitzen!	Also wir hatten da niemals Probleme!
Warte nur, wenn sie erst in die Schule kommen.	Jedes Kind kann schlafen lernen!	Echt, er läuft noch nicht?	Pubertät? Hat man bei meinem/r nicht bemerkt.	Weihnachten war toll – alle zusammen! Da sind wir am glücklichsten!
Wie, noch keine Dreiwortsätze?	Also mein XY hat nur Einser.	Du musst langsam lernen, sie loszulassen.	Warte nur, wenn sie erst aufs Gymnasium kommen.	Ach, NUR Englisch und Französisch? Meine lernen Chinesisch und Altgriechisch. Seit der Fünften!
Du musst sie auch mal schreien lassen.	Warte nur, wenn sie erst ausziehen.	Meine Kinder LIEBEN Gemüse.	Mein/e XY erzählt mir ja ALLES.	Manche sind eben Spätentwickler.
Zigaretten und Alkohol? Bei uns absolut kein Thema.	Wir machen alles total gern zusammen.	Wie kannst du sie nur schreien lassen?	Sonntags essen wir zusammen.	Mein/e XY und ich sind wie beste Freund/innen!

Das Karriere-Bullshit-Bingo

Warum nimmst du nicht Steuerklasse fünf?	Hast du kein schlechtes Gewissen?	Wir können es uns ja leisten, dass ich zu Hause bleibe.	Für mich wäre das nichts, ich würde die Kinder sooo vermissen.	Und wer kümmert sich um sie? Der Fernseher?
Puh, man sieht, dass du wenig Zeit für den Haushalt hast.	Tagesmutter, zweites Auto … lohnt sich dein Job überhaupt?	Warum bekommt man Kinder, wenn man sich nicht um sie kümmern will?	Für den Job lässt du deine Kinder allein?	Du bist ja ganz schön egoistisch.
Beklag dich nicht, das hast du dir ja so ausgesucht.	Und was essen deine Kinder zu Mittag?	Also, ich könnte meine Kinder ja niemals abschieben.	Dann geh doch in Teilzeit.	Wie bringst du Job und Familie unter einen Hut?
Verdient dein Mann denn nicht genug Geld?	Lieber einen funktionierenden Haushalt als ein schlechtes Gewissen.	Klavierstunde? Aber hier geht's um einen wichtigen Kunden!	Meeting um 17 Uhr. Dann holst du dein Kind eben später ab.	Und wer kocht bei euch?
Und wann bist du für deinen Mann da?	Krankes Kind? Dann arbeitest du heute im Homeoffice.	Du siehst ja müde aus. Schon stressig, die Doppelbelastung?	Ständig am Telefon hängen, weil es zu Hause hakt … für mich ist das nichts.	Du nimmst doch nur einem Mann einen Arbeitsplatz weg.

Ach ja – selbstverständlich müssen Sie blöde Fragen nicht beantworten. Und doofe Kommentare kommentieren Sie entweder gar nicht oder mit einer schlagfertigen Antwort. Vielleicht passt ja eine von diesen?

Ach.	Ich bin eben Superheldin.	Du hast ja sooo recht.	Danke für den Lacher. Entspannt total.	Schlafen wird eh über-bewertet.
Wie lustig! Zurück zum Thema.	Ich leg mich gleich mal auf die Couch, um das gründ-lich zu über-denken!	Meine Bil-dung hat den Staat viel ge-kostet, das muss sich doch lohnen.	Meine Kin-der? Parke ich vor der Glotze. Oder im Wald.	Wusstest du eigentlich, dass Raben großartige Eltern sind?
Wie schön, dass du so zufrieden bist. Ich üb-rigens auch.	Achtung, bitte wenden, Sie verlassen gerade die Sachebene!	Du machst mich neugierig. Woher stammen deine Infos?	Und wie genau kommst du darauf?	Merk dir das mal für später, ich komme viel-leicht darauf zurück.
Ich freue mich über deinen Wortbeitrag.	Ach, das ist doch keine Arbeit, son-dern pures Vergnügen.	Wow, du kennst dich ja gut aus!	Warte, das ist doch aus einem Film. *Loriot? Oder Stirb langsam?*	Hey, dein Drink geht auf mich – zahle ich von meinem Gehalt.
Wie ori-ginell. Danke für die Aufhei-terung.	Lieber un-abhängig als gut bezahlte Helikopter-mutter.	Du hast es voll drauf. Respekt. Ghettofaust!	MEINE Kin-der sind sehr selbst-ständig.	Was war noch gleich dein Thema?

Sie haben noch bessere Antworten drauf? Lassen Sie hören! Wir freuen uns auf Post – zum Beispiel über unsere Websites oder die Social-Media-Kanäle:

Instagram:
@lucindeschreibt
@heikeabidi

Facebook:
@lucinde.hutzenlaub
@AbidiBooks

Websites:
www.lucinde-hutzenlaub.de
www.AbidiBooks.de

Teil 3:
Und wer kümmert sich um mich?

WIE WIR ES LERNEN, UNS NICHT IMMER AN DIE LETZTE STELLE ZU SETZEN

Wir Frauen sind super darin, dafür zu sorgen, dass es allen anderen gut geht. Leider vergessen wir darüber allzu oft, an uns selbst zu denken. Doch wenn wir es nicht tun, wer tut es dann?

Sehen Sie!

Gerade in besonders anstrengenden Zeiten, wenn etwa die Betreuung und Pflege der Elterngeneration noch dazukommt, brauchen Sie jede Menge Energietankstellen für die Seele! Und Sie selbst wissen am besten, wo Sie die in Ihrem Leben finden.

Vielleicht im Wald beim Joggen oder Spazierengehen? In der Badewanne? An Ihrem Lieblingsort mit einem schönen Buch? Im Café mit einem gigantischen Stück Sahnetorte? Auf der Yogamatte? Bei der Kosmetikerin? Auf dem Motorrad?

Und kommen Sie uns nicht mit »Aber für so was hab ich doch keine Zeit«, denn wir wissen: Doch, haben Sie. Vierundzwanzig Stunden am Tag. Wie wir alle. Da wird doch wohl ein Stündchen für schöne Dinge dabei sein? Nun kommen Sie schon – seien Sie nicht strenger zu sich selbst als zu allen anderen!

Cogito, ergo sum

»Ich denke, also bin ich.« Das ist der berühmte erste Grundsatz des französischen Philosophen René Descartes aus dem Jahre 1641. Damit hat er nicht nur auf philosophischer Ebene seine Existenz als denkendes Wesen bewiesen, sondern auch einen Wendepunkt der philosophischen Wahrnehmung allgemein eingeleitet. Okay, ich gebe zu, das habe ich gegoogelt. So richtig verstanden habe ich nämlich nie, was Descartes damit gemeint hat. In meinem Fall müsste es sowieso eher heißen: *Mater sum, ergo cogito nimium.* Oder so. *Ich bin Mutter, also denke ich zu viel.* Mein Lateinlehrer, sollte er dies lesen, möge mir meinen Versuch verzeihen, die Essenz meiner Mutterschaft in Latein zu übersetzen.

Ich habe natürlich schon immer gedacht. Ganz im Sinne von Descartes kann man das als menschliches Wesen gar nicht verhindern. Aber das war nichts im Vergleich zu dem, was ich seit dem ersten positiven Schwangerschaftstest vor 26 Jahren denke. Und zwar, was die Gedankenmenge als auch deren Inhalt angeht. Seitdem mache ich mir Sorgen. Grüble ich. Hinterfrage ich. Alles.

Es begann mit:

- Oh Gott! Wollte ich überhaupt ein Kind?
- Mit diesem Mann?

– Kann ich Muttersein überhaupt?
– Wird es gesund sein?
– DAS sind Wehen?

Direkt nach der Endbindung gefolgt von:

– Ist das normal?
– Wie soll ich mit diesen Minibrüsten stillen?
– WAS? Wie groß werden die noch und sehen sie jemals wieder normal aus?
– Werde ich je schlafen? Wird das Kind je schlafen?
– Hört es überhaupt?
– Hört es je auf zu schreien?
–

Und so weiter. Die Frage nach dem richtigen Kindergarten, dem richtigen Wohnen, Spielen, Essen – der Zukunft.

Und dann:

– Ist das ein positiver Schwangerschaftstest? Wie soll ich das denn schaffen mit zwei Kindern?
– … drei Kindern?
– … VIER Kindern?!

Was habe ich über »kleine Kinder, kleine Sorgen – große Kinder, große Sorgen« gelacht! Ich dachte immer, dass diejenigen, die so was sagen, längst vergessen haben, wie anstrengend es ist, kleine Kinder zu haben.

Womöglich stimmt das sogar. Aber die mit den kleinen Kindern schlafen wenigstens gut. Wenn sie mal zum

Schlafen kommen. Denn deren Kinder sind zu Hause. In der Nähe. Bestenfalls im Nebenzimmer. Sie können sie beschützen. Ihre Erziehung und ihre Entscheidungen werden noch nicht hinterfragt. Die Kinder gehen nicht in die Schule, sind nicht in der Pubertät, fahren noch nicht Auto, gehen nicht auf der anderen Seite des Globus in irgendeinem australischen Busch verloren (oder überhaupt alleine dorthin), trinken keinen Alkohol, haben Freunde, deren Eltern Sie ganz bestimmt kennen, und noch keine Andeutungen gemacht, dass sie jetzt selbst bald vielleicht mal eine Familie gründen wollen.

Ich denke nach. Und ich gebe es zu: Ich schaue keine Nachrichten mehr. Ich lese keine Zeitung und überlege mir täglich, ob ich die NTV-App löschen soll, weil mich diese Pop-up-Nachrichten unglaublich erschrecken. Die Klimakatastrophe, der Krieg in der Ukraine, Hunger in der Welt, misshandelte Kinder, Tiere ... Ganz ehrlich: Sind ja auch selten gute dabei. Am schlimmsten ist es, wenn wieder einmal irgendwo ein Bild der sogenannten Doomsday Clock (oder auch Weltuntergangsuhr) aufploppt und es eher fünf nach als fünf vor zwölf ist. Diese symbolische Uhr wurde vom *Bulletin of the Atomic Scientists* gesponsert und 1947 auf sieben Minuten vor zwölf gestartet. Sie sollte der Welt zeigen, wie nah sie an einem Atomkrieg oder auch der Klimakatastrophe ist. Jedes Jahr bestimmt der Aufsichtsrat und ein Sponsorenrat aus mehr als zehn Nobelpreisträgern, in welche Richtung sich der Zeiger entwickelt. Das letzte Mal wurde er 2010 dank Barack Obamas Einfluss und einer erfolgreichen Klimakonferenz in Kopenhagen um eine Minute zurückgestellt, aber seitdem wandert er in Richtung Mitternacht. Klar sitzen da Menschen und entscheiden das Fortschreiten des Zeigers, und es ist nicht wirklich eine wissenschaftliche Messung, sondern vielleicht auch irgendwie eine emotionale, aber das hilft mir kein bisschen weiter. Im Gegenteil. Aber glücklicherweise gibt es andere Dinge, die mir helfen. Und ich teile sie sehr gern.

Dass meine eigenen Kinder schon groß sind, ist meistens schön und furchterregend gleichzeitig. Es ging wahnsinnig schnell, und allein die Tatsache, dass sie nun auf sich allein gestellt sind und das auch so wollen, finde ich manchmal unheimlich. Denn nach wie vor würde ich sie gern beschützen und für sie und ihre Kinder die Welt retten. Wenn jemand das kann, dann wohl die Mütter, oder?

Die Frage ist ja auch nicht ob – sondern wie. Fakt ist: Wir Mütter müssen zusammenhalten. Das hilft für die innere Balance, gibt uns Kraft, macht Hoffnung und schenkt uns Ideen. Nur falls wir doch mal ranmüssen. Sie wissen schon: Die Welt retten!

Was noch hilft, um das Gedankenkarussell, die wie wild im Kopf tobenden Affen, den sogenannten »Monkey Mind« zu stoppen, wenn mal keine Freundin in der Nähe ist:

Spazierengehen

Der grüne Wald, das weite Feld, das Meer: Egal, wo Sie leben, die Natur heilt unsere Seele. Das mag sich pathetisch anhören, ist aber sogar wissenschaftlich belegt. Ein Spaziergang im Wald senkt nachweislich den Blutdruck und reduziert die Ausschüttung von Stresshormonen.

Wer im Wald unterwegs ist, atmet saubere Luft, die

dank der Verdunstungsleistung der Bäume sehr viel feuchter ist und noch dazu ätherische Öle enthält. Das Blätterdach schützt uns vor direkten Sonnenstrahlen, und das Grün stimuliert unser Immunsystem und beruhigt unsere Nerven.

Nicht umsonst haben die Japaner eine Therapieform entwickelt, die sie liebevoll Waldbaden (Shinrin Yoku – wörtlich: ein Bad in der Atmosphäre des Waldes nehmen) nennen.

Ich habe eine Freundin, die immer dann spazieren geht, wenn ihre Gedanken zu kreisen anfangen, und erst wieder nach Hause zurückkehrt, wenn sie sich stabil genug für ihr Leben fühlt. Sie hat mir erzählt, dass sie am Anfang manchmal sehr oft am Tag spazieren gegangen ist und ab und zu auch sehr lang. Ja, das kostet vielleicht an dem einen oder anderen Tag Zeit (aber Grübeln auch;-), aber es ist auch gut für die körperliche Fitness – und das wiederum hebt ebenfalls die Stimmung.

Gedankenhygiene, die selbsterfüllende Prophezeiung oder auch »Thoughts Become Things«

1949 hat ein gewisser Donald O. Hebb die erste von vielen nachfolgenden neuronalen Lernregeln aufgestellt (die sogenannten Hebbsche Regel). Sie besagt, dass für unser Lernverhalten das sogenannte neuronale Netz eine große Rolle spielt. Er hat nämlich festgestellt, dass unser menschliches Gehirn in der Lage ist, Dinge zu lernen, Wissen zu verknüpfen und abzurufen – und zwar allein durch die Wiederholung und ohne vorher erst logische Regeln entwickelt zu haben. Ein Beispiel dafür ist die Art und Weise, wie ein Baby oder Kleinkind allein durchs Zuhören sprechen lernt und schließlich die Sprache nutzen kann, ohne eine einzige Grammatikregel zu kennen. Die muss es dann allerdings später als Schulkind leider doch über die Logik pauken. Das funktioniert auch für andere gedankliche Gewohnheiten – und auch für die Fokussierung auf Positives, und wir können es auch gezielt für eine positivere Wahrnehmung und Gestaltung unseres Lebens nutzen.

Vielleicht kann man es sich so besser vorstellen: Stellen wir uns unsere Gedanken als kleine fleißige Ameisen vor. Zunächst wandern sie ein wenig ziellos durch unser Bewusstsein. Eine von ihnen hat einen einfacheren Weg gefunden als die anderen, weshalb sie ihn immer wieder geht. Das merken ihre Ameisenkollegen relativ schnell, und bevor sie es sich's versieht, laufen alle auf ihrem Weg. Er wird breiter und breiter und schließlich zur Ameisenautobahn, keiner kann sich mehr vorstellen, je irgendwo anders gegangen zu sein. Alle gehen hier. So ist es und so wird es bleiben. Es sei denn, eine rebellische winzige Gedankenameise beschließt, es doch einmal woanders zu versuchen, an einer Stelle, die vielleicht ein wenig unwegsam, dafür aber superschön grün und bunt und aufregend ist. Irgendwann nimmt sie ihre beste Freundin mit und die den Rest der Gedankenameisenclique, so lange, bis die alte hässliche graue negative Riesenstraße vergessen ist. Einen neuen und mühsamen Weg zu finden, ist aber gar nicht leicht.

Unsere Gedanken bewegen sich immer auf dem gleichen Weg der negativen Vorstellung. Wir rechnen immer mit dem Schlimmsten. Und o ja – die Realität bestätigt uns so oft. Alles fühlt sich schlimm an und wird auch immer schlimmer. Wir haben keine Kraft zu gar nichts und ziehen uns immer weiter selbst mit in das düstere Tal der sich selbst erfüllenden Prophezeiung.

Refraimen

Refraimen bedeutet nichts anderes, als Gedankenmuster, Annahmen oder Glaubenssätze umzuformulieren. Die klassische Wahrnehmung von einem halb vollen oder halb leeren Wasserglas. Das funktioniert auch für vieles in unserer eigenen Gedankenwelt. Anstelle beispielsweise zu sagen: Die Zukunft ist so ungewiss (im Sinne von: was da alles Schreckliches auf uns zukommen kann), probieren Sie doch mal stattdessen diesen: »In der Zukunft ist alles möglich!« Das mag zunächst merkwürdig scheinen, aber man gewöhnt sich dran. Probieren Sie es doch gleich damit! Anstelle also zu denken: »Das ist jetzt aber eine komische Übung« probieren Sie es doch mal mit: »Ich bin sehr gespannt, was passiert, wenn ich es versuche.« Oder so. Vielleicht fällt Ihnen nicht sofort eine positive Umformulierung für Ihre Bedenken ein. Das macht gar nichts. Der erste Schritt ist nämlich schon mal die Erkenntnis, dass dieser eine oder andere Satz Ihnen nicht guttut. Schreiben Sie ihn doch einfach auf – und wenn Ihnen selbst keine positive Umformulierung einfällt, fragen Sie eine Freundin, Ihren Mann oder auch Ihre Kinder. Die haben oft (und zum Glück) eine sehr viel positivere und unkompliziertere Wahrnehmung. Von allem.

Tagebuch schreiben

Nicht alle negativen Gedanken, Sorgen und Bedenken lassen sich umformulieren. Manche Dinge, die uns bewegen, können wir nicht kontrollieren, andere sind so schön, dass wir sie gern festhalten wollen. Manchmal hilft es auch, die Gedanken, die uns bewegen, aufzuschreiben. Tagebuchschreiben ist eine hochwirksame Methode, sich alles von der Seele zu schreiben, ohne dass jemand kommentiert oder wertet.

In die Zukunft sehen oder auch Vision- oder Moodboards basteln

Sammeln Sie Bilder, Fotos, Sprüche – einfach viele bunte Ideen, die Sie auf ein großes A3-Plakat kleben. Malen, kleben, zeichnen, schreiben Sie Ihre kühnsten Träume und Ziele auf. Vergessen Sie die Millionen, die Sie dafür bräuchten, die Zeit, die Sie nicht haben, und die Kontakte, die dafür fehlen. Träumen Sie. Lassen Sie sich in die tollste Vision hineinfallen, die Sie von Ihrem Leben gestalten können. Schreiben Sie sich im Geiste dazu eine Rede zum 85. Geburtstag, oder was auch immer Ihnen hilft, all das vor sich zu sehen, was Ihr Leben großartig machen würde. Flippen Sie total aus. Und ganz wichtig: Schauen Sie sich Ihr Visionboard immer wieder an. Denn – Überraschung: Je klarer wir uns Dinge vorstellen, desto größer die Chance, dass wir sie auch erreichen. Nicht von heute auf morgen. Aber Stück für Stück. Und ich wette mit Ihnen: Zu Ihrem 85. Geburtstag werden Sie ganz sicher sehr viel Schönes zu erzählen haben.

Circle of Control

Entwickelt hat den sogenannten Circle of Control der Bestsellerautor, Hochschullehrer und Keynote Speaker Stephen Covey (1932–2012). Bei den drei Kreisen geht es um die Perspektive unserer Wahrnehmung. Und darum, wie wir auch mit Krisen oder belastenden Situationen besser umgehen können. Das Konzept ist so einfach wie wirksam – und wenn Sie mögen, probieren Sie es doch gleich einmal aus:

1. Nehmen Sie sich Zeit ☺
2. Zeichnen Sie drei Kreise auf ein Blatt Papier (mindestens A4).
3. Im äußeren Kreis sammeln Sie alles, was Sie beschäftigt und/oder belastet, worauf Sie aber keinen Einfluss haben. (Zum Beispiel: Ereignisse aus der Vergangenheit, Klima, Weltpolitik, Wetter, das Verhalten von anderen Menschen, Corona, …)
4. In den mittleren Kreis kommt alles, worauf Sie Einfluss haben: (Ihre Gesundheit, mit wem Sie Zeit verbringen, wie Sie arbeiten)
5. In den inneren Kreis kommt alles, was Sie kontrollieren können. (Zum Beispiel: Wie viel Sie schlafen, wie Sie sich ernähren, wie Sie mit anderen umgehen, wen Sie treffen, was Sie lesen, wie viel Sie fernsehen, was Sie kaufen …)

Ziel der Übung ist, sich mehr mit den Dingen zu beschäftigen, die wir beeinflussen oder vielleicht sogar kontrollieren können – und die Dinge loszulassen, auf die wir keinen Einfluss haben. Dadurch lenken wir unser Bewusstsein auf unsere Möglichkeiten und entwickeln uns von einem reaktiven Verhalten zu einem aktiven. Je mehr wir unser Leben dadurch bewusst gestalten, umso deutlicher wird unsere Wahrnehmung für unsere Einflussmöglichkeiten, umso größer wird unser innerer Kreis und viel wichtiger: umso besser geht es uns!

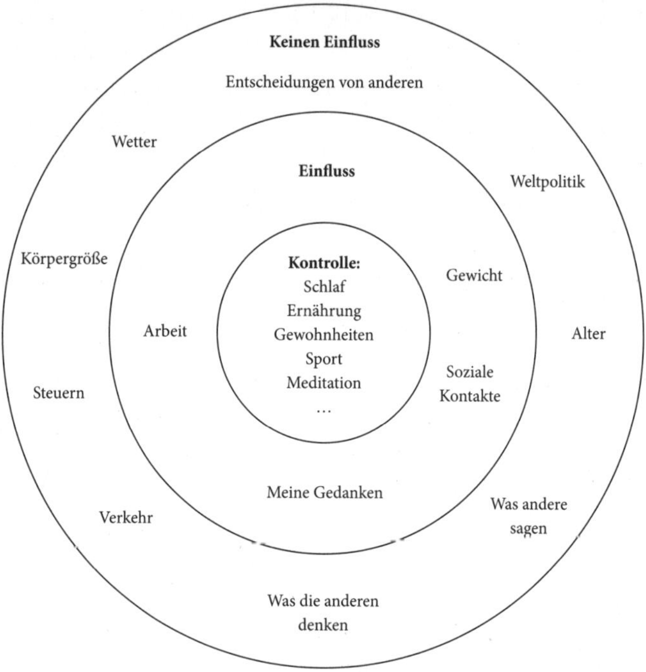

Naturheilkunde:
Auch in der Natur gibt es einige hochwirksame Arzneimittel, wenn die Gedanken nicht aufhören wollen zu kreisen:

Lavendel (Lavandula angustifolia): Lavendel ist mittlerweile sogar ein zugelassenes Arzneimittel. Es kann als Tee, als Badezusatz, als Kombipräparat oder als Kissenspray bei innerer Unruhe, Ein- und Durchschlafstörungen verwendet werden.

Johanniskraut (Hypericum perforatum): Es heißt, im Johanniskraut sei die Kraft der Sonne eingefangen, weshalb es auch besonders gern bei der sogenannten Winterdepression eingesetzt wird. Seine Wirkung wurde schon in diversen Studien nachgewiesen, und es ist in der naturheilkundlichen, aber auch allgemeinmedizinischen Behandlung von innerer Unruhe und leichten bis mittelschweren depressiven Verstimmungen nicht mehr wegzudenken.

Baldrian (Valeriana officinalis): Baldrian ist das Zeug, das in diesen kleinen Katzenkissen enthalten ist, auf die zumindest unsere Katzen abfahren. Sie können sich kaum beruhigen und bearbeiten das Kissen so lange, bis es sich in seine Bestandteile auflöst. Bei Menschen wirkt Baldrian entgegensetzt. Nämlich beruhigend und entspannend. Es gibt Baldrian als Tee und Tropfen. Ach ja: Für uns Menschen schmeckt und riecht es nicht besonders gut.

Hopfen (Humulus): Die sogenannte Seele des Bieres sorgt nicht nur für das Aroma und Haltbarkeit, sondern es hat auch in der Naturheilkunde eine gewisse Rolle: Als Tee oder Kapsel eingenommen wirkt es beruhigend und schlaffördernd. Man schreibt ihm ähnliche Effekte zu wie dem körpereigenen Hormon Melatonin, das für den Schlaf-Wach-Rhythmus zuständig ist. Hopfen gibt es als Tee, als Kapsel – oder als Bier.

An dieser Stelle sei das Melatoninspray erwähnt: Kurz vor dem Insbettgehen einen Sprühstoß unter die Zunge geben – und schlafen! Es ist in der Apotheke erhältlich, und mein Mann schwört drauf.

Melisse (Melissa officinalis): Weil die Blätter beim Zerreiben ein bisschen nach Zitrone riechen, nennt man sie auch Zitronenmelisse. Die Zitronenmelisse ist ein sehr robustes Kraut, das zumindest in unserem Garten sehr hartnäckig wuchert. Melisse hilft bei innerer Unruhe, Schlafstörungen und Reizbarkeit und vielem mehr. Es gibt sie als Kapsel, Tee oder als Aromaöl.

Passionsblume (Passiflora incarnata): Beruhigend und entspannend, krampflösend und schlaffördernd. Als Tee, Kapseln, Dragees oder Saft. Der Tee wirkt bei mir super – schmeckt aber scheußlich!

B-Vitamine: Mehrere Studien haben gezeigt, dass die Einnahme von B-Vitaminen Stress abbauen, die Stimmung steigern und die Konzentration steigern kann. Die Kombipräparate gibt es als Kapseln, Tabletten, Trinkfläschchen in der Apotheke und im Drogeriemarkt.

Globuli: Coffea, Nux vomica, Cocculus, Aurum und Co. oder gar ein Kombipräparat aus mehreren homöopathischen Mitteln wird eine ausgleichende Wirkung auf die Psyche nachgesagt, aber auch die Potenzierung und Einnahmehäufigkeit spielen hier laut Homöopathen eine große Rolle. Wer es ausprobieren möchte, sollte sich am besten beim Heilpraktiker oder in einer Apotheke mit homöopathischem Schwerpunkt beraten lassen.

Und überhaupt – einen Spruch hab ich noch: *Noli meditari, sed vive!*, wie der Lateiner sagt. *Denk nicht nach, sondern lebe!* Wer genau der Urheber dieses Spruches ist, ist nicht überliefert. Aber recht hat er oder sie trotzdem gehabt!

Und plötzlich ist alles anders: Pflegelast

Neulich habe ich mich mit meiner Mutter in ihrer Wohnung verabredet, um mich mit ihr gemeinsam um ihre Steuern zu kümmern. Ich bin diesbezüglich sicher keine Heldin, aber immerhin kriege ich es hin, einmal im Monat meine Rechnungen, Quittungen und Kontoauszüge abzuheften. Na ja, meistens jedenfalls. Meine Mutter hat Schuhkartons und fragwürdige Stapel, Papiertüten und Fächer. Und leider nicht wirklich ein System. Sie schichtet so lange, bis der Stapel kippt oder sie dringend irgendetwas sucht, was sie dann doch nie findet. Dafür entdeckt sie dann anderes, um das sie sich auch schon lange einmal kümmern wollte und es dann schlicht vergessen oder verschoben hat, weil doch anderes wichtiger oder das Wetter schön war. »Weißt du, Lucinde«, sagt sie dann gern in solchen Momenten zu mir, in denen ich dazu neige, ein wenig genervt zu sein, weil es so viel zu tun gibt und so wenig Zeit dafür, »die Sonne scheint! Das Leben ist so kurz und so oft so anstrengend! Lass uns doch lieber spazieren gehen, den Vögeln und Eichhörnchen zusehen, uns unterhalten und nur noch Dinge tun, die uns Spaß machen.«

»Ja«, möchte ich sagen, »das wäre eine prima Idee, liebe Mutter, aber es nützt dir nichts, wenn die Vögel singen und du Mahnungen oder Ärger mit dem Finanzamt bekommst, nur weil die Natur so schön ist.« Vor allem, weil ich dann diejenige bin, die Briefe schreiben und doch noch kurz mal was überweisen soll, weil es ja bei mir viel schneller geht. Das stimmt alles. Aber es stresst mich trotzdem kolossal.

Meine Mutter ist 81 Jahre alt und großartig und, wenn sie keine Lust auf ihre Steuer oder auf anderes hat, auch ein wenig stur. Sie sei, sagt sie, einfach zu alt, um Zeit damit zu verplempern, Dinge zu tun, die kein Mensch freiwillig macht. Da würde ich mich sehr gern anschließen, denke ich und wühle mich murrend durch den Stapel mit den Belegen, um den einen zu finden, der vermutlich nie wieder auftauchen wird, ohne den die ganze Ablage keinen Sinn macht.

Meine Mutter ist sehr aktiv und interessiert, hat Freunde, spielt Bridge und geht fast jeden Tag schwimmen. Ich bin unglaublich stolz auf sie, und mit ihr ihre Steuer zu machen sollte wirklich kein Problem sein. Es ist so wenig.

Meine Freundin Ella besucht ihre Mutter jeden Tag im betreuten Wohnen, um mit ihr spazieren zu gehen, weil sie sonst ihre Wohnung nicht verlassen würde. Sie kauft ein, fährt sie zum Arzt und ist auch telefonisch immer erreichbar. Das kostet Kraft, weil Ella nebenher auch noch einen Mann und zwei Söhne hat. Außerdem arbeitet sie halbtags in einem Steuerbüro. Jetzt überlegt sie allerdings, ihren Job zu kündigen, weil ihr einfach alles über den Kopf wächst. Obwohl sie das Geld gut brauchen können, ihr die Arbeit Spaß macht und sie es genießt, dort nicht die Mutter oder Tochterversorgerrolle innezuhaben. Andererseits ist das die einzige Stelle, an der sie Zeit sparen kann.

Erich, der Vater meiner Freundin Susi, ist nach einem schweren Schlaganfall zwar im Pflegeheim, wo er auch so gut es geht versorgt wird, und dennoch fahren sie und ihr Bruder abwechselnd dorthin, weil ihr Vater sich ohne Hilfe nicht rühren kann und es im Heim eben doch an allen Ecken und Enden an Händen fehlt. Mal ganz abgesehen davon an der Zeit für Ansprache und Beschäftigung.

Dazu gibt es immer etwas zu klären, zu organisieren oder zu besprechen, und Susi ist meistens froh, dass sie ihren Bruder hat, mit dem sie sich wenigstens austauschen kann. Jetzt haben die beiden allerdings beschlossen, dass sie zumindest kleine Entscheidungen einfach treffen, ohne den oder die andere vorher um Einverständnis zu bitten, weil manche Dinge vereinfacht werden müssen.

Susi arbeitet in Vollzeit als Lehrerin an einer Schule für Kinder mit besonderen Bedürfnissen und kann nachts schlecht schlafen, weil sie immer ein schlechtes Gewissen und ständig das Gefühl hat, etwas Wichtiges vergessen oder doch nicht genug getan zu haben. Da hilft es auch nicht, wenn sie mit ihrem Mann Uli darüber spricht und ihre Kinder, Tim und Lisa, Verständnis dafür haben, dass sie oft müde ist oder keine Kraft hat, mit ihnen auch noch für die Klassenarbeiten zu lernen oder zu Elterngesprächen zu gehen.

Susis Vater hat ein stabiles Herz und auch alle anderen Organe funktionieren für einen 83-Jährigen super. Er war früher unglaublich aktiv und mit seiner Frau Martha – Susis Mutter – viel in den Bergen unterwegs. Aber Martha ist seit beinahe zehn Jahren tot, und Erich erzählt Susi jeden Tag, wie sehr er sich schon darauf freut, sie im Himmel wiederzusehen und dass das doch bitte bald sein möge. Und Susi, die ihren Vater sehr liebt, ertappt sich manchmal dabei, dass sie dasselbe denkt.

Ein schlechtes Gewissen habe ich auch. Wenn ich die Ablage mit meiner Mutter mache, anstatt etwas Schönes zu unternehmen. Wenn ich mit ihr spazieren gehe, obwohl die Stapel auf ihrem Schreibtisch wachsen. Weil ich nicht öfter da bin, um für beides Zeit zu haben, und weil ich wieder gehen muss, um mich um meine Familie oder meinen Job zu kümmern. Das Schlimmste aber ist das schlechte Gewissen, das ich habe, weil ich ungeduldig bin und weil es mich ärgert, wenn ich Dinge, die ich mir beim letzten Mal zur Weiterarbeit zurechtgelegt hatte, nicht finde oder meine Mutter für alles ewig braucht und ich Ablage auch nicht mag.

Bis mein Vater vor vier Jahren mit 97 Jahren gestorben ist, hat er das immer gemacht. Unfassbar, was für ein gutes Team die beiden waren und so eng, dass meine Mutter das Gefühl hatte, sich gar nicht mehr zu kennen – ohne ihn. Sie war so lange die Hälfte von etwas gewesen, dass sie sich tatsächlich halbiert fühlte und sich gar nicht mehr so richtig daran erinnern konnte, wer sie ohne ihn war.

Vor allem aber ist sie seitdem einfach allein, und auch wenn sie Freundinnen und Freunde hat, mit denen sie wandern geht oder ins Theater, so sind da doch so viele weitere Stunden an so einem Tag, an dem die Wohnung leer und still ist. Das tut mir weh. Und dennoch kann ich es nur bedingt ändern.

Ich habe keine Geschwister, und meine Kinder gehen zwar gern, aber natürlich auch nicht oft bei ihr vorbei. Außerdem ist es ja auch nicht nur die Gesellschaft – allein die Vorstellung, nicht für sie da sein zu können, wenn es wirklich darauf ankommt, macht mich manchmal ganz verrückt. Abgesehen davon fehlt auch mir mein Vater manchmal unendlich, aber für meine Trauer ist kein Platz, weil die meiner Mutter immer größer ist, sie ihn mehr vermisst und er ihr immer noch mehr fehlt als mir.

»Ich wohne einfach zu weit von meiner Mutter weg«, sage ich zu Tine, als ich auf dem Heimweg bei ihr auf einen Kaffee reinschaue. Ihr Vater ist 84, hat beginnende Demenz und wohnt in einer kleinen Wohnung bei ihnen im Haus. So kann sie jederzeit nach ihm sehen, macht seine Wäsche und ist für ihn da, wenn er mal was braucht.

Ich finde das super. Aber Tine sieht bei genauer Betrachtung auch ziemlich geschafft aus. Kurzerhand öffnet sie eine Flasche Prosecco und schenkt uns ein, während ich weiter laut überlege.

»Wenn sie bei mir im Haus wohnen würde wie dein Vater, dann wäre alles leichter. Sie könnte einfach ein Teil meiner Familie sein, wäre nicht so oft allein und die Stunde, die ich für die Fahrt brauche, könnte ich mit ihr verbringen. Ich müsste mich keinen halben Tag rausnehmen und mir auch nicht ständig Sorgen machen, wenn ich sie mal nicht erreiche.«

Tine schaut mich für einen Moment nachdenklich an, bevor sie einen großen Schluck Prosecco nimmt.

»Ja, theoretisch hast du schon recht. Aber … mein Vater klingelt ständig bei uns. Wenn er nach draußen geht, wenn er kommt. Wenn er einkauft, wenn er zum Arzt geht, wenn er spazieren geht. Natürlich biete ich ihm einen Kaffee, was zu essen oder einfach nur an, für eine Weile reinzukommen und zu erzählen, und unterbreche alles, was ich gerade mache. Versteh mich nicht falsch, ich finde es schön, wenn er hier ist, nur wäre es manchmal eben auch ganz nett, wir wären für uns oder ich könnte mal was fertig machen. Aber wenn er klingelt, dann kann ich ihn auch nicht wegschicken. Das bringe ich nicht übers Herz.«

Stimmt natürlich. Wir haben schon das eine oder andere Mal dort gesessen, wenn Tines Vater kam und sofort das Gespräch komplett bestimmte. Ich fand das nicht schlimm. Aber er ist auch nicht mein Vater und setzt sich auch nicht bei jeder meiner Einladungen dazu.

»Manchmal will ich eben auch mit Peter allein sprechen. Oder mit den Kindern.« Sie sagt das so, als wolle sie sich dafür am liebsten entschuldigen. Vermutlich stimmt das sogar. Auch Tine hat nämlich ein superschlechtes Gewissen. Tines Tochter Sarah steckt grade mitten im Abitur, und Mia ist im zweiten Ausbildungsjahr zur Krankenschwester. »Das findet mein Vater großartig. Mit jedem Befund, jedem Verdauungsproblem und jeder Schnupfnase kommt er stolz hier an und will mit Mia darüber reden. Ist ja schön, dass er so großes Vertrauen in Mias Fähigkeiten hat, aber ganz ehrlich: Ich will nicht alles wissen und schon gleich gar nicht alles sehen! Wozu gibt's denn Hausärzte?«

Ich muss lachen, als ich mir das vorstelle, aber Tine verzieht nur das Gesicht.

Tine kümmert sich nicht nur um ihren Vater, sondern auch um ihre Schwiegereltern, die eine halbe Stunde entfernt wohnen, und um die alleinstehende Tante ihres Mannes, wenn die mal was braucht oder zum Arzt muss. Peter kümmert sich dafür um alle Abrechnungen, Versicherungen, Telefone und das Internet. Tine arbeitet dreimal in der Woche ein paar Stunden vormittags in einem Blumenladen, obwohl sie Soziologie und Design studiert hat. Aber für ihren Beruf hat sie weder die Zeit noch Nerven, und gedanklich ist sie sowieso immer mit irgendjemandem von den Oldies beschäftigt, wie sie sie liebevoll nennt.

So unterschiedlich Tines, Susis und meine Aufgaben sind, zwei Dinge haben wir gemeinsam: Das schlechte Gewissen und das Gefühl, nie genug zu leisten oder zur falschen Zeit am falschen Ort zu sein.

Und etwas anderes ist auch noch auffällig: Nämlich, dass die Pflegearbeit meist an den Frauen hängenbleibt. Bei dem Beispiel Tine wird das ja deutlich – sie kümmert sich sogar noch um ihre Schwiegereltern. Wo hätte man denn schon mal gehört, dass sich ein Mann um die eigenen Eltern oder gar die Schwiegereltern kümmert? Ich kenne jedenfalls keinen.

Aber ganz ehrlich: Was würde ich dafür geben, noch einen Tag, ach was, eine Stunde mit meinem Vater verbringen zu können! Was ich machen würde? Die Buchhaltung jedenfalls nicht. Ich würde ihn ansehen. Seine Hand halten. Seine Stimme hören und sein Lächeln genießen, weil ich bei ihm bin.

Und genau dafür, für die Eichhörnchen, die Sonne, Geschichten über die Nachbarn, den ausgedehnten Kaffee und all ihre Marotten nehme ich mir ab jetzt mit meiner Mutter Zeit. Denn das Leben ist so kurz und manchmal auch anstrengend, und eines Tages werde ich sie genauso vermissen wie meinen Vater.

Wenn die Eltern alt werden …

… dann braucht man doppelt so viel Geduld und Verständnis – gesteht sich selbst aber nichts dergleichen zu. Überforderung, Mitleid, ein schlechtes Gewissen und der Druck, den geliebten Menschen nicht im Stich lassen zu wollen, machen die Situation oft nicht gerade einfacher.

Ein gefährlicher Kreislauf entsteht – die Frage ist nur: Wie kommt man wieder raus?

An der Aufgabe wollen und können wir nichts ändern. Das Einzige, was wir wirklich ändern können, ist unser Umgang damit. Dafür gibt es ein paar Tipps:

1. Teilen Sie sich ganz gezielt Ihre Zeit ein.
Natürlich kann man Notfälle nicht planen – aber glücklicherweise besteht die Betreuung von unseren Eltern ja nicht nur daraus. Oft sind es ja eher unterstützende Tätigkeiten, denen man durchaus ein Zeitfenster einräumen kann.

Tine hat mit ihrem Vater jetzt ein regelmäßiges Dienstag- und Freitagnachmittag-Kaffeedate, bei dem sie sich wirklich Zeit für ihn nimmt. Dafür gehört der Montagnachmittag den Schwiegereltern und der Tante im Wechsel – und Mittwoch und Donnerstag Tine.

Auch wenn für Sie die Betreuung Ihrer Mutter

oder Ihres Vaters selbstverständlich ist, teilen Sie sich Ihre Zeit ein, als wäre diese Betreuung ein Job. Suchen Sie sich einen fixen Tag, an dem Raum für diesen Besuch ist, rechnen Sie sich dafür die Stundenanzahl aus, die Sie brauchen – und noch eine Pause dazu. Damit Sie auch gedanklich dort sein können, wenn Sie da sind – und ohne ein schlechtes Gewissen, wenn nicht.

2. Gönnen Sie sich was!

Eine Massage, einen Kinobesuch, eine Wanderung mitten in der Woche – egal, was es ist: Seien Sie gut zu sich. Es nutzt niemandem etwas, wenn Sie völlig am Ende sind, Ihnen die Kraft ausgeht und Sie zusammenklappen, krank werden oder traurig sind.

Sorgen Sie gut für sich, damit Sie Ihre Kräfte behalten und gut einsetzen können. Das ist kein Egoismus, sondern Selbstfürsorge.

Ach ja: Nicht nur einmal – sondern regelmäßig.

3. Auch für Pflegende gibt es Beratungsstellen.

Dabei ist es völlig egal, ob Sie nun wirklich pflegerische Dinge tun oder einfach nur nach Ihren Eltern sehen. Manchmal braucht jeder jemanden zum Reden und einen Ort, an dem man offen sagen kann, wenn man überfordert, genervt oder schlicht erschöpft ist.

Beratungsstellen finden Sie beispielsweise hier:
www.netzwerk-selbsthilfe.com/pflege/selbsthilfe gruppenplfege.html
www.pflege.de/pflegende-angehoerige/urlaub-kuren/
www.verbraucherzentrale.de/wissen/gesundheit pflege/alles-fuer-pflegende-angehoerige/pflegende-angehoerige-unterstuetzung-durch-beratung-und-anleitung-43190

Let's talk about money!

Was heißt hier, über Geld spricht man nicht? Vergessen Sie mal kurz dieses typisch deutsche Tabu! Wir müssen an dieser Stelle sogar ganz dringend darüber reden, denn wenn es um Mental Load geht, ist Geld sowohl Ursache als auch Wirkung zugleich und somit eine Art Motor des Teufelskreises, in dem viele Frauen stecken.

Im Kapitel *Wer hilft wem und wenn ja, warum?* sind wir bereits ausführlich darauf eingegangen, was das Ehe- und Familienrecht mit der ungleichen Verteilung von unbezahlter Sorgearbeit aka Haushalt, Kindererziehung, Pflege etc. zu tun hat.

Wir erinnern uns: Bis 1977 waren Frauen hochoffiziell für die Haushaltsführung verantwortlich und durften nur mit Erlaubnis ihrer Ehemänner arbeiten gehen – und zwar unter der Voraussetzung, dass sie ihre Aufgaben rund um Wäsche, Kochen, Putzen und Kinder nicht vernachlässigten.

Inzwischen gilt das Prinzip der einvernehmlichen Aufgabenverteilung – doch worauf sich Eheleute einigen, muss noch lange nicht fair sein. In den meisten Fällen ist es weiterhin so, dass die Frauen den Großteil der unbezahlten Sorgearbeit leisten. Zusätzlich zu ihrem Job. Und das hat Folgen – auch finanzielle.

Und was wird aus der Karriere?

Zwischen »arbeiten gehen« und »in Sachen Karriere voll durchstarten« liegt ein himmelweiter Unterschied – das sind definitiv zwei Paar Schuhe.

Niemand kann sich auf beides gleich gut konzentrieren, es geht einfach nicht ohne Kompromisse.

Dann ist der Haushalt eben nicht perfekt, na und?

Ja klar – aber das ist nicht das Hauptproblem. Sondern das besteht darin, dass sich Frauen oft mit weniger spannenden und schlechter bezahlten Jobs zufriedengeben, solange sie dabei irgendwie den Spagat zwischen Beruf und Privatleben hinkriegen.

Und selbst das wird immer schwieriger, sobald Kinder ins Spiel kommen. Damit das Ganze irgendwie klappt, entscheiden sich viele für Halbtags- oder Minijobs, was bedeutet, dass sie »ein bisschen dazuverdienen«, mehr nicht. Während die Männer beruflich immer weiter vorankommen …

Erfreulicherweise gibt es auch andere Modelle, vor allem in der Generation junger Eltern. So hat sich beispielsweise Nicoles Ehemann die Elternzeit mit ihr geteilt und war insgesamt acht Monate lang in Teilzeit zu Hause. »Das hat super geklappt, und er konnte eine tolle Bindung zu unserem Sohn aufbauen«, berichtet sie, »doch im Betrieb wurde er schief angeschaut. Das mit der Elternzeit kam beim Arbeitgeber echt nicht gut an.«

Es gibt zwar immer mehr Väter, die dieses Modell wählen, doch es hat sich noch nicht so weit etabliert, dass es als normal gilt. Immerhin besteht Hoffnung!

Wer das Geld nach Hause bringt, hat die Macht?

Wie viele Frauen kennen Sie, die mehr verdienen als ihre Männer? Der umgekehrte Fall ist fast Standard (inklusive der unsäglichen Steuerklassenthematik, auf die ich an dieser Stelle lieber nicht eingehe, weil ich mich nicht aufregen will).

So war es auch bei Hanna, einer als Marktforscherin und Unternehmensberaterin hochqualifizierten Frau, die von der Mehrfachbelastung kalt erwischt wurde. »Ich habe es wohl versäumt, mit meinem Mann auszuhandeln, wer wofür zuständig ist«, erzählt sie. Vermutlich weil sie dachte, es sei nicht nötig – Hanna war von ihren Eltern eine faire Aufteilung der unbezahlten Sorgearbeit gewohnt. Doch ihr Mann tickt völlig anders als ihr Vater, er ist im Grunde viel altmodischer. »Tja, dann kamen die Kinder, und ich saß in der Falle.«

Zwar war sie immer zumindest Teilzeit berufstätig, doch alles, was mit Haushalt und Erziehung zu tun hatte, blieb an ihr hängen. »Der Mental Load war enorm«, berichtet sie. Natürlich hätte sie sich gewünscht, ihr Mann würde sie entlasten, doch der weigerte sich. »Er sagte einfach, seine Arbeit sei ja wertvoller, weil er mehr verdient. Und wer weniger verdient, muss eben die Klos putzen, die alle benutzen.«

Ja, ihr Mann verdiente mehr als sie. Aber ist das wirklich ein faires Argument?

Hanna beschloss, noch mehr zu arbeiten, um dann ebenfalls mehr Geld ins Haus zu bringen und so sein Argument zu entkräften, doch das funktionierte nicht, sondern vergrößerte nur ihre Belastung. Im Kapitel *Last abladen – aber wohin?* habe ich Hannas Ausweg aus diesem Teufelskreis beschrieben.

Gender Pay Gap: der gar nicht so kleine Unterschied im Geldbeutel

Leider ist es eine Tatsache: Frauen verdienen deutlich weniger als Männer. Der Begriff »Gender Pay Gap« bezeichnet die Einkommenslücke zwischen den Geschlechtern. Und die lag 2022 in Deutschland bei 18 Prozent! Das zieht sich durch alle Branchen, wobei der Unterschied in der Privatwirtschaft größer ist als im öffentlichen Dienst.

Natürlich spielen insgesamt viele Faktoren eine Rolle. Dass man in einem Minijob weniger verdient als in Vollzeit und als ungelernte Aushilfe nicht so viel wie jemand mit einer Top-Ausbildung, versteht sich von selbst. Berücksichtigt man das alles, bleibt jedoch immer noch ein »bereinigter« Gender Pay Gap von immerhin 7 Prozent. Um so viel verdienen Frauen weniger als Männer mit vergleichbarer Qualifikation und Tätigkeit.

Laut Vergleichszahlen des Statistischen Bundesamtes von 2018 schneiden in Europa nur die Schweiz, Österreich, Estland und Lettland schlechter ab als Deutschland. Am geringsten sind die geschlechtsspezifischen Unterschiede in Luxemburg, Rumänien, Slowenien und Italien.

Gleich zurück in den Beruf – gar nicht so einfach

Als ich Mutter wurde, war ich bereits selbstständig und konnte mir meine Arbeitszeit sehr flexibel einteilen. Richtig pausiert habe ich eigentlich nur während des Mutterschutzes nach der Geburt (schließlich wollte ich meine Kunden nicht verlieren). Danach startete ich wieder stundenweise und steigerte die Arbeitszeit immer weiter, bis mein Sohn einen Ganztagskindergartenplatz bekam und ich wieder bei Vollzeit war.

Das funktionierte allerdings nur mit Unterstützung einer großartigen Tagesmutter und weil mein Mann und ich uns die Familien- und Hausarbeit sehr fair aufteilten.

Meine Freundin Henny hat fünf Kinder und entschied sich jeweils für ein Jahr Elternzeit. Das bedeutete für sie allerdings einen spürbaren Verdienstausfall, denn das Elterngeld gab es damals noch nicht und dessen Vorgänger, das Erziehungsgeld, war deutlich geringer. Immerhin konnte sie als Beamtin sicher sein, nach der Pause wieder in den alten Job zurückkehren zu können. Und das ganz ohne schlechtes Gewissen.

»Früher dachte ich, daheim bei der liebenden Mutter zu sein, wäre das Beste, was einem Kind passieren kann. Doch spätestens beim zweiten Kind begriff ich, dass zum Beispiel mein Großer von der Förderung im Kindergarten viel stärker profitierte, als hätte er mir bei der Hausarbeit zugesehen – zumal ich mich ja vorrangig um das Baby kümmern musste. Auf Dauer zu Hause bleiben heißt also nicht automatisch, dass das Kind eine bessere Betreuung hätte.«

Ganz meine Meinung! Ich denke an dieser Stelle an eine

Bekannte, die mir mal an den Kopf warf: »Wenn ich Karriere machen will, brauche ich auch kein Kind.« Wobei sie natürlich nicht sich selbst meinte, sondern mich. Meine Antwort lautete übrigens: »Niemand *braucht* ein Kind. Ein Kind braucht Menschen, die es lieben und sich um seine Betreuung kümmern. Und dafür muss nicht rund um die Uhr immer nur die Mutter zuständig sein.« Wäre für das Kind ja auch ganz schön langweilig, oder?

Aber wir schweifen ab …

Nur ein paar Jahre Pause – und dann?

Viele Frauen sehnen sich danach, ganz für ihre Familie da zu sein. Wenigstens ein paar Jahre, solange die Kinder klein sind. Danach sind sie wieder am Zug – auch beruflich!

Aber aus ein paar Jährchen können leicht ein bis zwei Jahrzehnte werden – und ehe Frau sich's versieht, sitzt sie in der Hausmütterchenfalle.

Greta kann ein Klagelied darüber singen. »Als die Kinder kamen, habe ich meine Karriere aufgegeben. Jetzt befinde ich mich im Ernüchterungsdelta und frage mich: Wie kriege ich mein Leben zurück?«

Ihre Söhne sind inzwischen fast erwachsen, und sie arbeitet auch wieder voll. Und natürlich kümmert sie sich auch weiterhin um den Haushalt. »Ich fühle mich als Mädchen für alles«, klagt sie. Ihr Mann arbeitet als Polizist, und sein Dienstplan ist nicht gerade familienfreundlich. Doch auch Gretas Tag hat nur vierundzwanzig Stunden.

Sie findet, es müssten jetzt alle mit anpacken, auch die Söhne. »Aber wie kriege ich das hin? Ich will ja, dass alle zufrieden sind.«

Das klingt mir sehr nach der althergebrachten Einschränkung »solange sie die Hausarbeit nicht vernachlässigt« – wie gesagt, seit 1977 nicht mehr geltendes Recht, aber leider noch in vielen Köpfen verankert. Greta weiß, dass sie lernen muss, mehr auf ihre eigene Zufriedenheit zu achten als immer nur auf die der anderen.

Ein wichtiger Faktor ist dabei ihr Job. »Die Arbeit macht mir großen Spaß, und ich verdiene auch genauso viel wie mein Mann, aber für die Einkommenseinbußen der letzten Jahre gibt es keinen finanziellen Ausgleich«, sagt sie.

O ja, das ist natürlich auch so eine Sache …

Woran man oft erst denkt, wenn es zu spät ist …

Der Weg zurück in ein erfülltes Berufsleben ist nach einer ausgedehnten Familienpause schwerer als gedacht. Und finanzielle Nachteile sind auch noch hinzunehmen, spätestens wenn es um die Rente geht.

»Ich habe mal eine Familienfeier gesprengt, nur weil ich gesagt habe, ein Ehemann ist keine Altersvorsorge«, erzählt Dagmar. Anlass war die Entscheidung ihrer Schwiegertochter für einen Minijob. »Sie hat ja dann nicht mal eine eigene Rente. Ich war der Meinung, dass der Partner für einen finanziellen Ausgleich sorgen muss, etwa durch eine private Altersvorsorge«, findet Dagmar.

Die anderen Familienmitglieder waren empört. »Sie fanden alle, eine Frau habe nun mal eine Care-Funktion. Ich stand mit meiner Meinung alleine da – als wäre ich ein Alien.« Vor allem, dass nicht nur die anwesenden Männer so reagierten, kann sie bis heute kaum fassen. »Viele Frauen pennen weiter«, sagt sie.

Altersarmut ist Frauensache: Gender Pension Gap

Eigentlich logisch: Wenn Frauen im Durchschnitt deutlich weniger verdienen als Männer, bekommen sie auch weniger Rente. Die geschlechtsspezifische Altersvorsorgelücke ist leider noch deutlich größer als die Einkommenslücke, denn hier spiegelt sich ja die komplette Erwerbsbiografie wider – inklusive der Erziehungspausen. Die Zahlen sprechen eine deutliche Sprache – der Unterschied liegt bei sage und schreibe 46 Prozent (2019), wie eine Studie der Organisation für wirtschaftliche Zusammenarbeit und Entwicklung zeigt. Im Vergleich aller 37 OECD-Mitgliedsstaaten liegt Deutschland damit auf dem letzten Platz. Altersarmut made in Germany.

Erstaunlicherweise belegt ausgerechnet Estland, wo die Einkommenslücke am größten ist, Rang eins. Der Gender Pension Gap beträgt dort gerade mal 2 Prozent. Klingt unlogisch, ist aber so – und liegt in diesem Fall am estnischen Rentensystem, das Unterschiede durch Umverteilung ausgleicht.

Und wie wäre es im umgekehrten Fall?

Wie gesagt – die allermeisten Frauen verdienen weniger als ihre Männer, haben dabei jedoch mehr Arbeit, alles zusammengerechnet.

Aber es gibt auch Gegenbeispiele. Und wie fühlt sich das an? Ich habe Marion gefragt, die das klassische Modell eines Mannes lebt. Ihr Partner arbeitet zwar ebenfalls, doch sie ist die Hauptverdienerin. Die beiden sind kinderlos und haben die Aufgaben im Haushalt fair aufgeteilt – trotzdem ist auch Marion nicht frei von Mental Load.

»Schuld ist mein eigener Perfektionismus. Alles im und ums Haus soll picobello sein. Ich bin ein Typ, der überall hundert Prozent gibt – mindestens. Und natürlich wäre es für mich undenkbar, halbtags zu arbeiten – mein Job lässt das einfach nicht zu, und ich wäre auch nicht bereit, die Einkommenseinbußen hinzunehmen.«

Sie empfindet das manchmal als Stress, aber der ist nicht nur negativ: »Anerkennung im Job ist ja sehr positiv. Erfolge motivieren. Das betrifft nicht nur den Beruf, sondern etwa auch, wenn mir handwerkliche Aufgaben gut gelingen, das macht mich zufrieden.«

In Sachen Mental Load sagt Marion etwas, was mir sehr zu denken gibt: »Ich fühle mich verpflichtet, die Versorgung und unseren Lebensstandard sicherzustellen.« Die Tatsache, Hauptverdienerin zu sein, ist also ebenfalls ein Faktor, der belastet. Und mit dieser Belastung lebt die Mehrheit der Männer ja immer. Vielleicht sollten wir Frauen das im Hinterkopf behalten, wenn es um die faire Aufteilung der Last geht. Denn wirklich gerecht wird es nicht, wenn wir gegeneinander arbeiten, sondern nur, wenn wir das Ganze gemeinsam angehen, als Team, das Verständnis und Empathie für sein Gegenüber hat.

Hausfrau und Mutter – ein Spitzenjob (mit nur einem kleinem Makel)

Stellen Sie sich vor, eine Stelle als Hausfrau und Mutter wäre ausgeschrieben. Dann würden darin einschlägige Erfahrungen und Qualifikationen verlangt: als Erzieherin, Entertainerin, Köchin, Reinigungsfachkraft, Lieferservice, Psychotherapeutin, Krankenschwester, Taxifahrerin, Motivationscoachin und Lebensassistentin (vom amourösen Aspekt einmal ganz abgesehen).

An Soft Skills würde das vielgerühmte Multitasking erwartet, außerdem Flexibilität, Teamstärke, Kommunikationsfähigkeit, pädagogisches Feingefühl, Achtsamkeit und ein phänomenales Allgemeinwissen (schließlich werden Mütter permanent mit den absurdesten Fragen bombardiert, und man erwartet von ihnen, dass sie diese aus dem Stand beantworten).

Nun ist es aber kein Zufall, dass derartige Stellenausschreibungen nirgendwo zu finden sind. Denn der vermeintliche Spitzenjob hat einen kleinen, aber entscheidenden Makel: Er ist ehrenamtlich.

Würde er bezahlt, käme so einiges zusammen, wie Ökonomen immer mal wieder ausrechnen. Allein schon, wenn man den Mindestlohn ansetzt, kämen Vollzeit-Hausfrauen damit im Durchschnitt auf über 7500 Euro im Monat.

Aber bevor Sie sich zu früh freuen: Dieser Betrag wird garantiert nie ausbezahlt werden. Denn wer sollte das viele Geld aufbringen?

In Deutschland wird rund ein Drittel mehr unbezahlte als bezahlte Arbeit geleistet.

Das muss man sich mal auf der Zunge zergehen lassen. Denn das bedeutet: Unser komplettes System würde zusammenbrechen, wenn wir unverschämten Frauen für unsere ehrenamtliche Care-Arbeit auf einmal bezahlt werden wollten. Und das kann doch nun wirklich keiner wollen, oder?

Wobei – dass Frauen nur allzu leicht in die Altersarmut abrutschen, scheint mir ein zu hoher Preis für den Erhalt dieses Systems. Vielleicht wäre es ja doch besser, es bricht zusammen – und macht Platz für ein neues, viel besseres und faireres?

Morgens bin ich immer müde, aber abends bin ich wach

Achtung: Dieser Text wurde um 3:32 Uhr geschrieben. Achten Sie nicht auf Schreibfehler, mitten im Text abgebrochene Sätze oder verwirrende Gedanken, denn, wie gesagt, es ist kurz vor vier Uhr früh an einem Donnerstagmorgen. Ich bin hellwach und gleichzeitig viel zu müde, um einen einzigen der klaren Gedanken zu fassen, die wie ein wildgewordenes Feuerwerk aus irren Hirnblitzen durch meinen Kopf zischen. Während mein Mann seelenruhig schläft und garantiert nicht – wie ich bis vor einer halben Stunde – von vergessenen und verlorenen Turnbeuteln, Besuch, der vor leeren Tellern sitzt, weil nicht eingekauft wurde, oder von einem Besuch im Supermarkt, nackt und ohne Geldbeutel, träumt.

Sie haben ein Bild, nehme ich an – und hoffentlich ein wenig Mitleid und Verständnis. Nein, ich bin nicht gestern schon um acht im Bett gewesen, kein Unwetter hat mich geweckt, und auch kein Kind ist krank. Ich bin einfach so aufgewacht. Und zwar schon vor zwei Stunden.

Kurz habe ich gedacht, ja gehofft, dass es einfach nur diese halbe Stunde vor dem Weckerklingeln ist, die man sowieso instinktiv nur noch halb schläft. Aber nein. Ich habe nachgesehen, um zu überprüfen, wie viel Zeit mir noch bleibt, und deshalb wusste ich sofort, dass der Tag morgen – oder vielmehr heute – schon hinüber ist, bevor er überhaupt angefangen hat. Denn wie, um alles in der Welt, soll ich auch nur einen Bruchteil von dem erledigen, was ich mir vorgenommen habe, wenn ich gerade mal drei Stunden geschlafen habe? Dabei ist gerade heute ein Tag, an dem ich mir keine Pause oder Unkonzentriertheit leisten kann, weshalb ich auch vorhin in Dauerschleife jede Sekunde davon wieder und wieder durchgespielt habe, ohne dass sich dadurch am Programm etwas geändert hätte.

Ich bin keiner von den Menschen, die mit wenig Schlaf auskommen. Im Gegenteil. Am besten geht es mir nach acht Stunden Schlaf ohne Unterbrechung, und zwar spätestens ab elf Uhr abends, nachdem ich noch ein bisschen gelesen habe. Dann kann ich am nächsten Tag alles. Denken. Arbeiten. Wach sein. Aber das kann ich für morgen – vielmehr für heute (man kann es nicht oft genug betonen) – vergessen. Ich habe mich eine Weile von links nach rechts gedreht, gehofft, dass der Schlaf doch irgendwie wieder zurückkommt und mir wenigstens fünf oder sechs Stunden reichen. Habe mich beruhigt, dass es mal schon auch mit weniger geht. Aber drei Stunden ist zu wenig. Viel zu wenig.

Und jetzt ist es mir zu warm. Dann wieder zu kalt. Der Lärm, der nur minimal durch mein geöffnetes Fenster dringt und um diese Uhrzeit auch Einbildung sein kann, stört mich plötzlich genauso wie das kleine helle Licht, das durch die halbgeöffneten Jalousien scheint. Und sind das etwa Vögel, die da zwitschern? Nein, so kann ich nicht schlafen.

Ich schließe das Fenster und die Jalousien, lege noch schnell mein Handy vor die Schlafzimmertür, weil es ja vielleicht auch die Strahlung ist, die mich irritiert, denke ich im gleichen Moment, in dem mir einfällt, dass ich gleich nachher dringend sofort als Erstes meine Mutter anrufen muss, weil ich jetzt schon ein paar Tage nicht mit ihr gesprochen habe, und diese Mail an meine Bankberaterin morgen früh sollte ich dann als Zweites schreiben, um dieses Festgeldkonto zu kündigen. Oder sollte ich es verlängern? Wie waren die Zinsen da noch mal, frage ich mich und oh, apropos Mail: Ich muss den Impftermin für unsere Katzen beim Tierarzt absagen, weil ich es mal wieder zeitlich nicht auf die Reihe kriege, an zwei Orten gleichzeitig zu sein. Moment: Was war das andere? Oh Gott, und außerdem weiß ich noch gar nicht, was ich kochen soll. Einkaufen muss ich auch noch. Haben wir noch Milch?

VERDAMMT: ICH! MUSS! SOFORT! WIEDER EINSCHLAFEN, wenn ich morgen früh einigermaßen fit sein will. Ich MUSS nämlich fit sein. Immerhin habe ich einen Job zu erledigen. Klientinnen warten auf mich. Ein Text, der bitte schön lustig und kreativ sein soll. Kinder, die Mittagessen wollen (was denn nur?!), Einkäufe, die erledigt, und Millionen andere Dinge, die gemacht werden müssen. Aber wie soll das gehen, wenn ich jetzt nicht schlafe? Keine Ahnung, ob mich nun meine seelische Gedankenladung oder das Nichtschlafenkönnen mehr belastet. Jedenfalls werde ich gleich irre. Oder bin ich es womöglich schon?

Noch drei Stunden, bis ich aufstehen muss. Noch zweieinhalb. Noch zwei. Ich schaue nicht mehr auf die Uhr, fange aber vor lauter »ich muss jetzt aber unbedingt …« an zu schwitzen. Zwinge mich, nichts zu denken, aber sobald ich mich nicht mehr konzentriere, geht das Feuerwerk in meinem Kopf – bestehend aus dem nächsten Urlaub, Corona, meiner Mutter, meinen Kindern, meinem Mann, Weltfrieden, dem Klima, meinen Winterreifen, der ganze Welt und den Terminen für die Müllabfuhr – wieder los.

Ich hoffe auf die eine Schlafposition, die mich endlich entspannen lässt, und ertappe mich immer wieder dabei, wie ich meine Kiefer aufeinanderpresse, und auch mein restlicher Körper viel zu angespannt zum Einschlafen ist. Und neidisch zum selig schlummernden Gatten hinübersehe, während ich seinem ruhigen und entspannten Atmen lausche.

Schließlich stehe ich auf und sitze nun also hier. Gefangen zwischen zu müde und zu wach. Ich fühle mich einsam, weil in keinem anderen Fenster da draußen Licht brennt, und ich tue mir selbst ziemlich leid. Bis heute Mittag muss ich irgendwie durchhalten. Dann werde ich wohl einen Mittagsschlaf machen und am Abend wieder fit sein. Vermutlich so fit, dass ich nicht einschlafen kann. Ich werde wach sein, wenn alle anderen schlafen gehen, und immer weiter müde sein und die Ärmste und …

Oh mein Gott. Ich sollte wirklich dringend schlafen!

Einschlaf-Tipps

Wenn Sie auch dieses Gedankenkreisen kennen, haben Sie, wie ich, auch bestimmt schon einiges ausprobiert. Es gibt extra schwere Decken, Pülverchen und Tees, Ohrstöpsel, Schlafbrillen und Einschlafprogramme auf Spotify. Nicht alles ist für jeden geeignet, nicht immer klappt es überhaupt, und natürlich am kontraproduktivsten ist der Druck, unter den wir uns selbst setzen, aber gegen den wir oft so machtlos sind. Hingegen zu wissen, dass man eben doch das eine oder andere tun kann, entspannt mich ungemein. Was mir am besten hilft, ist:

Routine

Vor allem Schicht- und Nachtarbeiter haben oft mit Ein- und Durchschlafproblemen zu kämpfen, weil ihr Körper keinen regelmäßigen Rhythmus hat, weil sie gegen ihre innere Uhr arbeiten müssen und weil wir Menschen das Schlafhormon Melatonin brauchen, das eben nun mal ausgeschüttet wird, wenn es dunkel wird. Am besten hilft es unserem Körper einfach, immer ungefähr zur selben Zeit aufzustehen und ins Bett zu gehen.

Nicht schwer essen

Schon klar, ein üppiges und spätes Abendessen mit Fleisch, Kohlehydraten und womöglich dem einen oder anderen Glas Wein und Bier liegt uns schwer im Magen.

Tierische Fette sind reich an schwer verdaulichen Fettsäuren, die unseren Magen lange arbeiten lassen und unseren Körper dann, wenn er eigentlich zur Ruhe kommen soll, vor allem mit Verdauen beschäftigen. Oder damit, die Energie, die aus den langkettigen Kohlehydraten erst Stunden später freigesetzt wird, zu verarbeiten. Was unseren Schlaf stört und uns am nächsten Tag müde macht. Besser ist ein leichtes und bekömmliches Essen bis zwei Stunden vor dem Insbettgehen.

Und zuckerhaltige Nahrungsmittel regen den Appetit an, weshalb man dann womöglich zu viel isst.

Nichts Aufregendes lesen oder anschauen

Ich liebe Serien, Filme und Bücher, in denen ich miträtseln kann, in denen aufregende Plots immer weiter auf die Spitze getrieben werden, in denen sich Paare nicht gleich finden und ich mich gedanklich ganz weit weg entführen lassen kann. Das ist wirklich großartig. In Kombination mit meiner Fantasie und einem gewissen Schlafbedürfnis allerdings nur suboptimal.

Nachts finde ich einen ganz anderen Mörder als den, der mir im Film angeboten wurde, Lösungen für Liebespaare und die richtigen Worte, die in der flammenden Rede gesprochen hätten werden sollen, die der Held eben nicht gehalten hat. Ich rette oder reise um die Welt, je nach Doku, die ich unbedingt zu Ende schauen musste.

Manchmal treiben mich die Acht-Uhr-Nachrichten die ganze Nacht um, bin ich fix und fertig von all den Geschichten, die ich geträumt habe, kann mich aber doch nur bruchstückhaft daran erinnern.

Aber deshalb nur noch Belangloses anschauen? Oder gar nichts mehr? Keine spannenden Bücher lesen? Das geht ja auch wieder nicht. Nur vielleicht ein bisschen bewusster. Und was die abendliche Lektüre angeht: Meine Mutter schwört ja auf Kochbücher, die Bilderbücher für Erwachsene. Schöne Fotos, nette Geschichten, nichts Aufregendes, sagt sie. Die ideale Lektüre vor dem Einschlafen. Man muss nur aufpassen, dass einem vor lauter Entspannung so ein Kochbuch nicht ins Gesicht fällt.

Spazierengehen

Einmal um den Block zu laufen, versorgt unseren Körper mit Sauerstoff und macht uns angenehm müde. Ganz besonders schön ist so ein Spaziergang sicher mit jemandem, mit dem man auch die Dinge teilen kann und möchte, die einem im Kopf herumgehen. Aber natürlich ist jede Form von Bewegung gut. Sich tagsüber auszupowern, macht abends müde. Klingt logisch. Zu unmittelbar vor der Nachtruhe pusht es allerdings mehr. Da empfiehlt sich dann eher Yoga, Stretching oder auch Entspannungsübungen wie Autogenes Training.

»Heiße 7«

Das Schüsslersalz Nummer 7 ist Magnesium Phosphoricum, das Salz der Nerven und Muskeln. Sportler kennen es als Mittel gegen Krämpfe, es wird aber auch gern als Kur bei Spannungskopfschmerzen oder PMS eingesetzt. Es entkrampft und entspannt und wirkt oft wahre Wunder.

Die »Heiße 7« ist keine Kur, sondern ein Akutmittel. Dazu zehn der Milchzuckerpastillen in 200 ml heißem abgekochtem Wasser auflösen und schluckweise trinken, wobei es die Wirkung verstärkt, wenn man jeden Schluck ein wenig im Mund lässt – so können die Salzmoleküle nämlich schon über die Mundschleimhaut aufgenommen werden.

Aufschreiben

Notieren Sie die Gedanken, die Ihnen vor dem Einschlafen im Kopf herumgehen. Dann sind sie ausgelagert, gut aufgehoben, und Sie können sich am nächsten Tag darum kümmern. Dann nämlich, wenn Sie ausgeschlafen sind.

Neben meinem Bett liegen also Stift und Zettel. Manchmal ist das auch durchaus hilfreich, wenn ich nachts die eine ultimative Titel-, Dialog- oder sogar eine komplette Romanidee habe. Sie würde vielleicht nicht bis zum Morgen in meinem Kopf bleiben – und das kann ich nicht zulassen!

Währenddessen

Mit unserer Atmung können wir beinahe alles in unserem Körper steuern. All unsere Emotionen, unser Schmerzempfinden und auch unsere Konzentration sind davon beeinflusst. Unsere Atmung hat eine unglaubliche Kraft, und dennoch ist sie für uns oft mehr als selbstverständlich.

Sie bewusst einzusetzen kann helfen, unsere Gedanken loszulassen und in eine tiefe Entspannung zu finden. Dazu reicht es manchmal schon, den Atem einfach nur bei seiner Reise durch den Körper bewusst zu beobachten, um runterzufahren.

Wenn man das Atmen vertiefen will, bietet sich die vollständige Yoga-Atmung an:

- Dazu entspannt auf den Rücken legen, die Arme seitlich ausgebreitet und mit nach oben gedrehten Handflächen.
- Den Atem, die frische Luft, die durch die Nase ein- und die warme, die aus dem leicht geöffneten Mund sanft ausströmt, für ein paar Atemzüge einfach nur beobachten.
- Beim nächsten Atemzug mit dem Atem zunächst ganz bewusst den Bauch unterhalb des Nabels mit Luft füllen, wahrnehmen, wie sich die Bauchdecke nach außen wölbt. Gerne ein paar Atemzüge hierbleiben.
- Die Luft weiter bis zu den Rippen einströmen lassen, wieder ein paar Atemzüge bleiben.
- Und schließlich die Luft bis zu den Lungenspitzen hochatmen. Die Konzentration auf genau diese eine Sache beruhigt oft sehr erfolgreich den wilden Gedankenaffen in unserem Kopf. Und wenn nicht, sind wir jedenfalls bestens mit Sauerstoff versorgt.

Übrigens:

Auch die Wechselatmung, die ebenfalls im Yoga praktiziert wird, ist toll (Yoga überhaupt, finde ich, aber das ist ebenfalls Geschmackssache) und es gibt niedergelassene Atemtherapeuten, die ihre Patienten bei vielen verschiedenen Beschwerden begleiten, Atemseminare und -reisen, für alle diejenigen, die tiefer einsteigen wollen.

(Zum Weiterlesen und für ein Video: https://wiki.yoga-vidya.de/Volle_Yoga-Atmung)

Kurkuma-Milch, »Golden Latte« oder auch die gute alte warme Milch mit Honig

Aus der ayurvedischen Heilkunde ist warme Milch mit Honig nicht wegzudenken. Allein die Wärme des Getränks und die Süße des Honigs schicken ein wohliges Gefühl durch unseren Körper und sorgen für Entspannung.

Mehr brauche ich zumindest nicht, um nach einer langen Nacht wieder einzuschlafen. Da ich Milchprodukte nicht vertrage, habe ich mich für Mandelmilch entschieden. Die im Gegensatz zur Kuhmilch allerdings kein Kalzium enthält, aber ganz ehrlich: Das ist mir um diese Uhrzeit auch piepegal!

Honig gilt dafür als antibakteriell und zudem als Quelle für Präbiotika, stimuliert also das Wachstum von Probiotika, den nützlichen Bakterien im Darm, die wir für eine gesunde Darmflora benötigen.

Und das »Gold«-Curcumin im Kurkuma ist nicht nur sehr hübsch, sondern auch enorm gesund. Es unterstützt das Immunsystem, beugt Krebs, Diabetes und Alzheimer vor, hilft bei der Gewichtsabnahme, schützt die Gelenke, unterstützt die Gallen- und Leberfunktion, um nur einige Benefits dieser Wurzel zu nennen. Natürlich kann man die warme Milch auch prophylaktisch vor dem Schlafengehen trinken.

Ich bereite die Goldene Milch so zu:

- 200 ml Mandelmilch
- 1 TL Honig
- 1 Prise Zimt
- 1 Miniprise Ingwer
- ½ Teelöffel Kurkumapulver (gibt's im Reformhaus, auch schon als Mischung mit Ingwer und Co.)

Gut erwärmen, aber nicht kochen (da werden sonst die guten Nährstoffe im Honig zerstört), genießen, schlafen.

Hach. Das wäre was! Eine warme Milch ist einfach wie eine Umarmung einer liebenden Mutter. Das habe ich jetzt schön gesagt, oder? Es könnte auch ein bisschen merkwürdig sein. Ich kann es nicht beurteilen. Der Schlafentzug, Sie wissen schon. Wissen Sie was? Ich geh wieder ins Bett. Ich könnte allerdings auch wirklich und bewusst …

Aufstehen
Manchmal muss man einfach akzeptieren, dass das mit dem Schlafen wohl für heute nichts mehr wird. Die Dinge gründlich durchdenken, die einem im Kopf herumgehen, und die Mails schreiben, deren Formulierung den ganzen Tag so schwierig war und nun so glasklar und in penetranten Schleifen immer durch die Gedanken kreist. Sich darüber freuen, dass um diese Uhrzeit garantiert kein Telefon und auch kein Briefträger klingeln wird, dass es keine Ablenkung gibt und glücklicherweise viel zu laut wäre, jetzt eine Waschmaschine zu starten oder das Wohnzimmer zu saugen, zu dunkel für den Fensterputz und man aus diesen und noch vielen anderen Gründen so effektiv sein kann wie nie.

Sich mit einem Hörbuch auf die Couch kuscheln und es genießen, dass es draußen dunkel ist und drinnen so gemütlich. Tief ein- und wieder ausatmen, der angenehmen Stimme lauschen, sich immer tiefer in die weichen Kissen sinken zu lassen – und vielleicht sogar doch endlich wieder einschlafen.

Der Sinn des Lebens

Ich bin wirklich sehr oft nachts aufgestanden, um meine Gedanken aufzuschreiben – so lange, bis ich einfach tagsüber genug geschrieben habe und nachts mein Kopf Ruhe gegeben hat. So hat sich auch meine Berufstätigkeit zumindest am Anfang mehr oder weniger schleichend entwickelt. Bis ich mich selbst als Autorin wahrgenommen oder bezeichnet habe, vergingen tatsächlich Jahre.

Mit dem Schreiben habe ich parallel zu meiner ziemlich umfangreichen Tätigkeit als Vierfachmutter angefangen, und zunächst, ohne einen Cent dabei zu verdienen. Ich habe es vor allem getan, um meinen Lieben zu Hause zu erzählen, wie aufregend und chaotisch alles in Tokio ist – und ein bisschen auch als Therapie. Dabei ging es mir nicht nur um die spannenden Umstände dort in Japan, die manchmal sehr belastend und schwierig waren und die ich in meinem Blog aus einem lustigen Blickwinkel erzählen wollte, damit sich zu Hause keiner Sorgen macht und ich es zumindest im Nachhinein auch lustig finden konnte – es ging noch um etwas ganz anderes. Aber das habe ich erst sehr viel später begriffen.

Anders als Heike und viele andere meiner Freundinnen war ich in dieser Zeit noch nicht einmal offiziell berufstätig. Wie ich ja schon erwähnt habe, habe ich meine erste Tochter Paulina kurz vor meinem Vordiplom bekommen und das Studium abgeschlossen, während eine Tagesmutter auf Paulina aufgepasst hat. Zu dieser Zeit lebten meine Eltern in Südamerika, und Mental Load war kein Begriff für mich. Vermutlich wurde er erst sehr viel später erfunden, aber definitiv nicht von mir. Ich hatte für Wortschöpfungen und Ähnliches nämlich schlicht keine Zeit. Im Anschluss an mein Studium arbeitete ich Vollzeit als Art Director in einer Werbeagentur, was ein ganz schön fixer Einstieg auf eine Karriereleiter ist, bei der ich die erste Sprosse als schlichte Grafikerin ausgelassen habe. Aber ganz ehrlich: Was für eine Chance! Was für ein Einstieg! Was für Möglichkeiten! Dafür hatte ich studiert! War im Ausland gewesen! Hatte Abitur gemacht, eine Tagesmutter gefunden, die wirklich liebevoll mit Paulina umging und bei der mein Kind super aufgehoben war. Ich verdiente so lala, denn natürlich war ich in der Working-Mom-mit-Ehemann-unfreundlichen Steuerklasse. Aber was für ein Glück, dass ich diese Chance bekommen hatte, *obwohl* ich ein kleines Kind hatte! Dafür arbeitete ich extra hart. Ich wollte schließlich beweisen, dass ich der Doppelbelastung standhalten konnte. Meinem Arbeitgeber. Und mir.

Die Werbung ist aber eben nun mal kein einfacher Arbeitsbereich für eine Mutter mit einem Baby. Sie ist wahnsinnig schnelllebig, es gibt grundsätzlich kaum haltbare Deadlines und auch noch zu viele davon, zu wenig Zeit für Projekte oder gar die Möglichkeit, auch mal Nein zu sagen. Aber gut, ich hatte es vorher gewusst und auch so gewollt. Und dennoch hat es mich beinahe zerrissen, wenn ich früh morgens fast eine Stunde fuhr, um Paulina bei der Tagesmutter abzugeben, sie abends viel zu spät abholte, weshalb sie immer schon auf dem Heimweg einschlief. Unter der

Woche verbrachte ich kaum Zeit mit ihr. Zu Hause habe ich bis nachts gezeichnet und nachgedacht, gekocht, gewaschen und versucht, ausreichend Schlaf zu bekommen, um den nächsten Tag irgendwie zu überstehen.

Nicht dass Sie jetzt denken, mein Mann hätte mich nicht unterstützt, wäre nicht einkaufen gegangen, hätte nicht den Garten, die Steuer gemacht oder mal gekocht. Ganz im Gegenteil. Aber sein Job war wie meiner – nur eben in der Industrie, und Elternzeit war eine ähnlich fremde Vokabel wie Mental Load. Es war, wie es war. Und wenn ich arbeiten wollte, dann ging es eben nur so. War ja meine Entscheidung.

Ich war dauerhaft gereizt, getrieben von einem schlechten Gewissen mal meinem Kind, mal meinem Mann, mal meinem Arbeitgeber gegenüber. Mir selbst gegenüber nicht. Ich hatte mich irgendwo unterwegs aus den Augen verloren, ohne es zu merken. Dass ich nicht glücklich war, merkte ich schon. Ich dachte aber, dass sich das schon geben würde, und stellte mein Lebensmodell trotzdem nicht infrage.

Ausschlaggebend war ein Morgen, an dem ich Paulina das erste Mal erlaubt hatte, die neuen Lackschuhe anzuziehen. Sie war knapp zwei Jahre alt, und es war Frühling. Wir hatten die Schuhe ein paar Wochen zuvor gekauft. Aber als Paulina nun versuchte, hineinzuschlüpfen, passten sie nicht mehr. Paulina brach sofort in Tränen aus. Und ich? Auch. Denn wann war mein Mädchen so gewachsen? Warum hatte ich es nicht bemerkt? Und wie konnte ich die Zeit zurückholen, die ich schon jetzt verpasst hatte?

Um es kurz zu machen: Plötzlich konnte ich das alles keine Sekunde länger aushalten oder gar verstehen, wie ich es so lange ausgehalten hatte. Ich habe noch an diesem Tag gekündigt.

Es war genau die richtige Entscheidung für mich, für Paulina und für unsere kleine wachsende Familie. Was für eine Erleichterung. Ein paar Jahre war ich begeisterte Mutter, bekam im Abstand von jeweils fünfzehn Monaten Maria und Lilli und ein paar Jahre später William.

Auch dieses Leben war superanstrengend, und ich kam ziemlich oft an meine Grenzen, dennoch fühlte es sich absolut richtig an. Ich war ständig in irgendwelchen Kindergärten und Schulen Elternvertreterin, bei jedem Basar, Geburtstag und Frauencafé dabei und fand es herrlich.

Aber zunächst eher leise und dann immer lauter schlichen sich wieder Gedanken und Fragen in meinen Kopf, die sich nicht mehr gut anfühlten. Ich habe schon immer gern geschrieben und war auch sehr gern Grafikerin, aber meinen allerersten Rechner von 1995 hatte ich entsorgt und weder eine Rechtfertigung noch Geld übrig für den Kauf eines neuen Computers, ich hatte keinen Grund, die Wäsche, etwas zu essen oder einen Fahrdienst abzulehnen, und wenn ich jenseits meiner Aufgaben als Mutter das Haus verließ, dann zum Vergnügen. Sport. Treffen mit Freundinnen. Ausflüge. Shoppingtouren. Das Paradies, möchte man meinen. Aber irgendwann nicht mehr genug.

Denn nicht nur zu viele Dinge gleichzeitig im Kopf zu haben, ist eine große Belastung – auch eine Lücke, einen unerfüllten Bedarf und eine Sehnsucht nach etwas in sich zu tragen, kann ebenfalls unglaublich belastend und sehr präsent sein.

Wer war ich denn, jenseits meiner Mutterschaft, fragte

ich mich beispielsweise. Was teilte ich mit der Welt – was machte mich aus, und was erfüllte mich mit Freude und Sinn?

Es nervte mich außerdem zunehmend, dass ich finanziell von meinem Mann abhängig war, dass es das Geld seines Arbeitgebers war, mit dem ich ein Geburtstagsgeschenk für ihn kaufte, und dass ich kein eigenes verdiente, mit dem ich planen, Urlaube machen oder mir etwas gönnen konnte. Dabei hatte mein Mann durchaus Verständnis für meine Situation. Das Geld, das von seinem auf mein Konto floss, hieß beispielsweise »Gehalt«. Aber trotzdem.

Ich konnte mich nicht frei entscheiden. Fühlte mich intellektuell unterfordert und hatte das Gefühl, dass alle Menschen um mich herum ihren Platz gefunden hatten und ein glückliches Leben führten, nur ich nicht. Und überhaupt: Warum hatte ich noch mal studiert?

Spätestens als mich mein Jüngster einmal fragte, ob ich eigentlich auch einen Vornamen habe, oder ob Mütter sowieso keinen brauchen, wurde mir klar, dass ich etwas verändern musste. Ich machte eine Ausbildung zur Heilpraktikerin und später noch eine zur Systemischen Coach. Aber gerade, als ich mir überlegte, was ich damit alles anfangen konnte, wurde Holger nach Japan versetzt, und ich schob all meine Überlegungen vorerst nach hinten. Um genau zu sein, vergaß ich sie vor lauter Asien-Kulturschock komplett.

Wenigstens hatte ich mir vorher doch noch einen Rechner gekauft, und so begann ich, alles aufzuschreiben. Nicht mit dem Hintergedanken, daraus mal einen Beruf zu machen, damit Geld zu verdienen oder erfolgreich zu sein, sondern einfach, weil es rausmusste, und später, weil es mich glücklich machte, wenn wieder jemand über einen meiner Texte lachte.

Vielleicht war es Glück, vielleicht auch die logische Konsequenz aus allem, dass ich schließlich zunächst einen und dann viele weitere Buchverträge erhalten habe. Ernst genommen hat mich am Anfang niemand, dafür wurde mir immer wieder gesagt, dass dieses »Hobby« ja wenigstens nicht so viel Platz braucht wie ein Pferd und weniger Zeit als Golf oder Tennis. Herzlichen Dank auch.

Da war ich vierzig. Ich habe am Esstisch geschrieben und auch immer nur dann, wenn keiner da war. Sonst hätte ich mich niemals konzentrieren können. Dass ich irgendwann zur Vollzeitmutter im Autoren-Homeoffice geworden war, die wieder ihren Deadlines und zwischendurch auch ihren Kindern hinterherrannte, immer das Gefühl hatte, etwas Wesentliches zu vergessen (und sich ständig zu fragen, was das sein konnte), bemerkte ich nicht wirklich – außerdem: was hätte ich ändern wollen? Das Muttersein nicht – und das Bücherschreiben genauso wenig. Dazu liebte ich das Schreiben viel zu sehr und mittlerweile auch die Treffen und Buchmessen mit den Kolleginnen, die Lesungen mit Publikum und überhaupt dieses Gefühl, etwas Eigenes zu schaffen, gedruckt in den Händen zu halten und mein eigenes Geld damit zu verdienen.

Immerhin lachte auch keiner mehr über meine Tätigkeit. Irgendwann konnte ich mir sogar einen eigenen Arbeitsplatz einrichten. Homeoffice hätte ich es vermutlich trotzdem nicht genannt. Erst als im März 2020 plötzlich alle meine Lieben inklusive meines Mannes zu Hause blieben, wurde es mir klar. Ebenfalls klar wurde mir, dass ich unter diesen Umständen nicht einen einzigen sinnvollen Text abgeben konnte. Alle dreißig Sekunden musste jemand was in meinem Büro drucken, brauchte eine Erklärung, das Internet stürzte ab, hatte Hunger, wollte wissen, ob ich gekocht hatte oder, weil der oder diejenige etwas vorbereitet hatte, auch etwas essen wollte (eher selten) – und dann dieser Lärm! Mann, vier Kinder, manchmal der jeweilige Freund oder Freundin noch dazu – und immer alle hier! Das war … wirklich schwierig für meine zarte Künstlerseele und meine empfindlichen Ohren. Gleichzeitig fühlte ich mich einsam, denn dank der geschlossenen Buchläden und der abgesagten Veranstaltungen sah ich keine Kollegen und hatte kein Publikum. Außerdem brach wie bei so vielen anderen ein Großteil meiner Einnahmen weg. Ich brauchte eine Veränderung, die mich innerlich wieder unabhängig und frei machte. Etwas fehlte mir. Wenn ich nur hätte sagen können, was!

Da fiel mir Ikigai wieder ein, ein Konzept, das ich in Japan entdeckt und das mich damals schon fasziniert hatte, weil es gleichermaßen schlicht wie effektiv ist. Vor allem aber macht es Sinn. Nämlich den des Lebens. Aber von vorne:

Wir leben in einer Welt, die sich extrem schnell dreht, sehr intensiv von Medien und somit Einflüssen von außen geprägt und gesteuert wird, die viele in einem Zustand der inneren Leere zurücklässt oder auch – positiv ausgedrückt – mit einer Sehnsucht nach einem individuellen Lebenssinn.

Gleichzeitig stecken wir tief in der Mental-Load-Falle und haben oft wenig Kraft oder auch Vorstellungsmöglichkeiten, etwas zu verändern. Und da kommen die Japaner ins Spiel.

In Japan, genauer gesagt auf Okinawa, ist die durchschnittliche Lebenserwartung sehr hoch. Viele Bewohner dieser Insel werden über hundert Jahre alt.

Zum einen liegt das vermutlich an der äußerst gesunden Ernährung, die viele Bitterstoffe, Obst und Gemüse enthält, aber zum anderen auch daran, dass viele der über Neunzigjährigen selbstständig in ihren eigenen Wohnungen leben, sich selbst versorgen, einer Arbeit nachgehen und Teil der Gesellschaft sind, statt im Altersheim betreut zu werden. Bewusst. Hingebungsvoll. In ihrer eigenen Balance, erfüllt von ihrem persönlichen Lebenssinn.

Wörtlich kann man Ikigai nämlich wirklich mit »Iki« – »Leben« und »Gai« – »Sinn« übersetzen. Aber es wird auch oft als der »Grund, morgens aufzustehen« bezeichnet. Dabei ist Ikigai keine mysteriöse Geheimwissenschaft, es benötigt kein jahrelanges »Sinnsuchen« oder gar eine umfangreiche Ausbildung. Es ist kein konkretes Ziel, sondern vielmehr eine Entwicklungsmöglichkeit zu einem besseren, ausgeglicheneren Leben.

Bei Ikigai geht es um die Suche nach einer Tätigkeit, die uns erfüllt, glücklich macht und unsere Rechnungen bezahlt. Und zwar in völlig ausgewogener Balance, denn nur so geht es uns gut.

Ein Beispiel: Ein erfolgreicher Manager, der gut in seinem Job ist, ständig Gehaltserhöhungen oder Prämien bekommt, verheiratet ist und tolle Kinder hat, kann trotzdem sehr unglücklich sein, ohne den Grund dafür benennen zu können, zumal er in der Wahrnehmung der Gesellschaft vermeintlich alles hat, was »Glück« bedeutet. Dabei ist er aus der Balance geraten, hat seine Passion verloren, seine Mission ist nicht klar – und der Sinn seines Tuns erschließt sich ihm schon lange nicht mehr. Vielleicht hat er genug Geld. Aber das allein reicht nicht aus, um glücklich zu sein. Genauso wenig, wie es reicht, seine Ideale zu verfolgen, wenn man dabei existenzielle Sorgen hat.

Natürlich kann unser Manager jetzt seinen Job kündigen, aufs Land ziehen und Fahrräder reparieren (vielleicht seine geheime Leidenschaft), und ein paar Monate, vielleicht auch Jahre wäre er sicher sehr zufrieden mit dem anderen Extrem seines Lebensentwurfs. Aber eben nur so lange, bis ihm das Geld ausgeht, er merkt, dass ihm die Anerkennung von außen fehlt oder eben ein anderer Aspekt seines Ikigai ins Ungleichgewicht gerät.

Also. Bei der Entdeckung des eigenen Ikigai geht es darum, sich selbst näher kennenzulernen, die Dinge, beruflichen Möglichkeiten, Ziele genauer zu definieren, die für das eigene Glück notwendig sind, und den unterschiedlichen Aspekten des eigenen Charakters Raum zu geben. Manchmal ist die Lösung nicht die fristlose Kündigung – sondern die Suche nach etwas, das verändert oder ergänzt werden kann.

Der Manager hat sich beispielsweise ehrenamtlich engagiert, Fahrräder für Geflüchtete gesammelt und wieder fahrtüchtig gemacht. Und ich? Ich habe für mich Folgendes begriffen: Ich brauche Sicherheit – und Freiheit. Völlig gegensätzlich und dennoch eine ideale Kombination. Ganz dringend brauche ich außerdem innere und äußere Unabhängigkeit und die Gesellschaft und den Austausch mit Menschen, die sich für dieselben Dinge interessieren wie ich. Ich möchte mein Licht scheinen lassen und gesehen werden und meine Talente bestmöglich einbringen. Etwas tun, was für mich Sinn macht, und ich brauche Wertschätzung.

Seit September arbeite ich deshalb festangestellt drei halbe Tage pro Woche als systemischer Coach. Ich liebe den Austausch, die Kollegen und das Von-zu-Hause-weg-Sein. Und wenn ich wieder hier an meinem Schreibtisch sitze und Autorin bin, liebe ich es erst recht. Ich bin gern mit meiner Familie zusammen, und ich koche sogar wieder mit Begeisterung. Und noch viel lieber nehme ich mir auch ab und zu offiziell einen Tag frei. Und zwar von allen meinen Jobs. Ich habe mein Ikigai gefunden, würde ich sagen.

Wenn Sie Lust haben, sich auf die Suche nach Ihrem zu machen, dürfen Sie sich in vier verschiedenen Bereichen genauer unter die Lupe nehmen. Die Schnittmengen der Antworten auf Fragen aus diesen vier Bereichen ergeben ein übergeordnetes Grundbedürfnis. Den Sinn des Lebens, den Grund, morgens mit einem Lächeln aufzustehen – das ganz eigene und persönliche Ikigai.

Anleitung: So finden Sie Ihr Ikigai

1. Nehmen Sie ein Papier, am besten in A3 oder A4, legen Sie es quer vor sich auf den Tisch.
2. Unterteilen Sie es mit einer Quer- und einer Längslinie in vier gleich große Rechtecke.
3. Schreiben Sie in den oberen linken Quadranten »Was ich liebe«.
4. Füllen Sie dieses Viereck mit all den Dingen, die Sie lieben, und stellen Sie sich dazu folgende Fragen:

- Was begeistert Sie, was macht Ihnen wirklich richtig viel Spaß?
- Bei welchen Aktivitäten oder Tätigkeiten vergessen Sie die Zeit und versinken Sie komplett?
- Was haben Sie als Kind schon gerne gemacht?
- Worüber könnten Sie stundenlang mit Begeisterung sprechen?

____

____

____

____

____

____

____

____

____

____

5. Schreiben Sie in das untere linke Rechteck »Worin ich gut bin« – Stellen Sie sich dabei folgende Fragen:

- Worin sind Sie richtig gut?
- Wo liegen Ihre Talente?
- Wobei fragen andere Sie um Rat?
- Wofür haben Sie hart gearbeitet?
- Wobei haben Sie schon Hindernisse überwunden?

____

____

____

6. Schreiben Sie »Was die Welt braucht« in das obere rechte Rechteck. Stellen Sie sich dabei folgende Fragen:

- Was fehlt in diesen Zeiten?
- Wenn ich alles verändern könnte, was wäre das Erste, was ich tun würde?
- Was braucht die Welt von mir?
- Was sind meine Werte?
- Wovon bin ich überzeugt?
- Was ist mir wichtig?

7. Schreiben Sie »Womit ich Geld verdienen kann« in das rechte untere Rechteck. Stellen Sie sich folgende Fragen:

- Wofür werde ich bezahlt? – Was arbeite ich momentan?
- Was habe ich schon gearbeitet? Gibt es andere Einnahmequellen?
- Kann ich mit anderen Dingen auch Geld verdienen? Zum Beispiel Dingen, in denen ich besonders gut bin oder die mir besonders viel Spaß machen?

Ganz wichtig: Seien Sie unbedingt ehrlich zu sich selbst, schreiben Sie alles auf, das Ihnen in den Sinn kommt, und bewerten Sie Ihre Antworten nicht. Es gibt kein Richtig oder Falsch, und es ist alles erlaubt!

Manchmal brauchen Sie eventuell mehrere Anläufe, um Antworten zu finden. Nicht jede Frage ist gleich leicht zu beantworten. Gerade die, die uns schwerfallen, sind oft die wichtigen! Manchmal hilft es, sich genau diese Fragen immer wieder zu stellen, oder zu unterschiedlichen Tageszeiten und in unterschiedlichen Stimmungen. Oft kann man auf diese Weise ganz unterschiedliche Erkenntnisse sammeln. Ich habe außerdem die Erfahrung gemacht, dass Freunde und Freundinnen einen dabei gut unterstützen können. Manchmal haben sie einen ganz anderen Blick auf unsere Stärken, die wir für völlig selbstverständlich halten. Jemanden um Rückmeldung zu bitten, ist also auch immer eine gute Idee.

Wenn das Blatt gefüllt ist, können Sie es genau betrachten und sich überlegen, welche Dinge sich vielleicht in allen Quadranten wiederfinden, oder aber welche zwar dastehen, aber bisher keinen Platz in Ihrem Leben haben. Natürlich liegt der schwierigere Part dann darin, diese neu erworbenen Erkenntnisse dann auch umzusetzen. Aber allein die Selbstreflexion an sich ist schon ein großer Schritt in die Richtung eines sinnreichen und erfüllten Lebens – und außerdem wissen wir ja, dass jede Reise mit dem ersten Schritt beginnt. Jedenfalls: Viel Erfolg dabei – oder wie der Japaner sagen würde: Ganbatte kudasai!

Als hätte ich nicht schon genug am Hals

Manche von uns scheinen zusätzliche Aufgaben anzuziehen wie ein Magnet. Ich zum Beispiel kann es einfach nicht verhindern, alle möglichen Ämter anzunehmen. Etwa im Schulelternbeirat, im Vorstand eines Businessclubs, in diversen Orga-Teams, im Chor, in einer Autor:innenvereinigung …

»Hast du nicht schon genug am Hals?«, werde ich oft gefragt. Hm, ja, eigentlich schon. Kann ich also einfach nicht Nein sagen? Oder bin ich ein bisschen irre?

Wie auch immer – ich bin damit nicht allein. Laut Statistik waren 2021 in Deutschland etwa 16,24 Millionen Menschen ehrenamtlich engagiert – das ergab eine Umfrage der Allensbacher Markt- und Werbeträgeranalyse (AWA). Führend unter den Bundesländern ist dabei übrigens Rheinland-Pfalz – mein Heimatbundesland.

Haben diese Menschen zu viel Zeit? Wohl kaum, denn viele Ehrenamtliche sind voll berufstätig und haben außerdem Familie.

Die Möglichkeiten, sich für eine gute Sache zu engagieren, sind so vielfältig wie das Leben selbst und reichen von Elterninitiativen über den Katastrophenschutz bis zur Sterbebegleitung. Ob Menschen bei Hochwasser Sandsäcke schleppen, warme Mahlzeiten an Obdachlose ausgeben, benachteiligten Schüler:innen bei den Hausaufgaben helfen oder als Volunteers bei Großveranstaltungen engagieren, sie tun in jedem Fall etwas für andere. Und das, obwohl sie sich die Zeit dafür oftmals aus den Rippen leiern müssen. Gerade Frauen, die ja ohnehin meist schon mehrfach belastet sind. Warum also tun wir uns das eigentlich an? Wieso entscheiden wir uns bewusst für einen weiteren Stressfaktor? Ich habe mich umgehört – und bekam die erstaunlichsten Antworten.

Vorlesen!

Seit über fünfzehn Jahren engagiert sich Katja als ehrenamtliche Vorleserin in einer Grundschule. »Mir macht es rasend Spaß, und ich freue mich, wenn es auch den Kindern Freude bringt. Das merke ich daran, dass sie lachen oder nach zwei Wochen noch viele Details aus den vorigen Kapiteln wissen. Und wenn ich beim Lesen hochblicke und in gebannte Gesichter mit offenen Mündern sehe …«

Für Katja ist dieses Ehrenamt zugleich ein Hobby. Aber ein ganz besonderes. »Ich hoffe, die Kinder, die vielleicht keinen Kontakt zu Büchern haben, erleben auf diese Weise, welche Geschichten, Welten und Schätze in Büchern stecken – und wie viel Freude es macht, sich damit zu beschäftigen.«

Auch Derya hat sich als Vorleserin engagiert. »Meine geheime Agenda war, meine Tochter für die türkische Sprache zu begeistern«, verrät sie. »Sie hat zwar alles verstanden, wollte aber einfach nicht Türkisch sprechen.« Also beschloss Derya, in ihrer Kita aus zweisprachigen Büchern vorzulesen.

»Ich werde nie vergessen, wie die Kleinen selbstverständlich dem Klang der anderen Sprache gelauscht haben«, erinnert sie sich. »Sie haben gar nicht unbedingt erwartet, jedes Wort zu verstehen, sondern waren einfach interessiert.«

Der Geheimplan ist zwar erst mit einigen Jahren Verspätung aufgegangen, aber ihre Tochter hat keine dieser Lesestunden versäumt – und sei es nur, um zu zeigen, dass das »ihre« Mama war, die da las.

Zähne behandeln

Annette hatte eine eigene Zahnarztpraxis, eine Familie mit zwei Kindern, ein großes Haus mit Garten und mehrere Katzen. Also durchaus »schon genug am Hals«. Und je höher die Belastung, desto geringer wurde ihre Motivation. Eigentlich hatte sie ja schon alles erreicht. Oder? Was sollte da noch kommen?

»Da erinnerte ich mich, dass ich schon immer von Hilfseinsätzen in ärmeren Ländern geträumt hatte«, erzählt sie. »Aus Afrika wurde Rumänien – immerhin.«

Seit Jahren organisiert sie dort regelmäßige Hilfseinsätze. Mit anderen Worten: Sie »opfert« ihren Urlaub, um unter schwierigen Bedingungen ihren Beruf auszuüben, und das auch noch kostenlos. Und davon profitieren nicht nur ihre Patient:innen vor Ort, sondern auch sie selbst.

»Es tut unendlich gut, aus dem Alltag herauszutreten, dabei zu erleben, wie man mit seinem Wissen und Können das Leben anderer Menschen nachhaltig verbessern, sie von Schmerzen befreien, ihnen Hoffnung und Wertschätzung vermitteln kann – ein rares Gut in unserer Gesellschaft, besonders, wenn man an deren Rand steht«, sagt sie. »Ich empfinde es als beglückend, wie das gegenseitige Vertrauen über die Jahre des Engagements wächst, der Blick auf das eigene Sein und Haben dankbarer wird. Es lässt einen einfach nicht los.«

Wespen retten, Menschen besänftigen

Eigentlich hatte Silke mit Hautflüglern wenig am Hut, doch durch einen Kontakt beim NABU kam sie mit dem Thema in Berührung, und es hat sie danach einfach nicht mehr losgelassen. Seit einigen Jahren ist sie nun schon ehrenamtliche »Wespenberaterin« für eine regionale Naturschutzstiftung.

»Es ist eine Art Völkerverständigung – ein Balanceakt zwischen Wespen leben lassen und Menschen besänftigen«, berichtet sie. »Manchmal muss ich Völker umsiedeln. Und manchmal hilft wirklich nur der Kammerjäger, weil handwerkliches Wissen gefragt ist. Diese Aufgabe wird nie langweilig, man lernt viele Menschen kennen – und für Small Talk taugt das Thema auch.«

Die Stadt grüner machen

Umwelt und Naturschutz sind Susanne sehr wichtig. Sie möchte in einer grünen und lebendigen Stadt leben. Dafür engagiert sie sich etwa beim BUND und in der Kommunalpolitik. Dass ihr Ehrenamt sowohl zu ihrem Know-how als auch zu ihren Werten passt, hält sie für entscheidend.

»Dieses Engagement würde ich niemals aufbringen, wenn ich es als rein gesellschaftliche Pflicht empfände, Gutes zu tun«, stellt sie klar. »Natürlich mache ich alles, was ich freiwillig und ohne Bezahlung tue, in erster Linie deshalb, weil ich selbst daran interessiert bin, dass sich die Dinge in eine Richtung entwickeln, die mir gefällt.«

Ehrenamt muss nicht uneigennützig sein, im Gegenteil.

Trotzdem profitiert das gesellschaftliche Miteinander davon.

»Ich finde einfach, dass jede und jeder zumindest eine Zeit lang ein Ehrenamt haben sollte, weil es den Blick auf die Welt über den eigenen kleinen Tellerrand hinaus weitet, so schön der auch immer sein mag.«

Politik weiblicher machen

In ihrer Freizeit ist Carmen in der Kommunalpolitik tätig. Zuvor hat sie sich in anderen Bereichen engagiert, dieses Feld ist noch recht neu für sie und daher besonders spannend. »Ich lerne täglich dazu, was mich völlig begeistert«, sagt sie. Carmen beschreibt sich selbst als Macherin, die gerne anpackt. Faulenzen liegt ihr nicht, auch nicht am Wochenende.

Warum sie sich für die Politik entschieden hat?

»Es gibt in diesem Bereich noch keine Parität«, erklärt sie. »Als Frau, Mutter und Alleinerziehende fühlte ich mich nicht wirklich vertreten. Da blieb nur: selbst machen.«

Schule voranbringen

Jana bringt sich seit vielen Jahren als Elternvertreterin an der Schule ihrer Kinder ein. Mit allem, was dazugehört: Gespräche mit Schulleitung, Lehrkräften, Eltern, Schülerinnen und Schülern. Nicht zu vergessen gemeinsame Projekte, Schulfeste, Basare, Wanderungen …

»Warum? Weil es sonst kaum jemanden gibt, der sich den Hut aufsetzen will. Und weil ich wirklich gern die Verantwortung übernehme und die Fäden in der Hand halte«, erklärt sie.

Wir kennen das alle: Der sicherste Weg, nicht in den Elternbeirat gewählt zu werden, ist, der Wahl fernzubleiben. Fast genauso gut funktioniert stures Auf-den-Boden-Gucken. Aber warum eigentlich? Es gibt doch kaum eine bessere Möglichkeit, sich für das eigene Kind stark zu machen und ihm auf diese Weise Wertschätzung zu vermitteln.

Das ist auch Janas Motivation: Was sie antreibt, ist »das Gefühl, etwas Gutes zu tun, etwas Richtiges, etwas Messbares sogar – auch wenn sowohl Belastung als auch Verantwortung enorm sind.«

Gasteltern beraten

Annette engagiert sich in einer Austauschorganisation und berät unter anderem Gasteltern, die Schülerinnen und Schüler aus den unterschiedlichsten Ländern aufnehmen. Auch sie hat schon junge Menschen zu Hause beherbergt.

»Ich merke, dass ich in dieser Organisation meine Fähigkeiten als Journalistin sehr gut einbringen kann. Und vor allem lerne ich viel dabei. Durch die Austausch-Aktivität haben wir unsere Familie vergrößert«, sagt sie.

Kinder für Bücher begeistern

Wie viele andere Ehrenamtliche ist auch Daniela »Mehrfachtäterin«: Sie war bereits als Studentin in der Fachschaft engagiert, später dann Elternsprecherin, Vorsitzende des Schulfördervereins, Leiterin einer Krabbelgruppe und Mitarbeiterin im Welcome-Büro für Geflüchtete. Aktuell ist sie Mitglied im Gemeindekirchenrat, dem Ortsteilrat und neuerdings auch im Stadtrat. »Ich habe Spaß daran, mich zu engagieren, aber auch, Entscheidungen zu treffen, die hoffentlich zum Wohl der Gemeinschaft sind«, sagt sie.

Als sie nicht wusste, wohin mit den vielen tollen Rezensionsexemplaren, die sie als Buchbloggerin bekam, gründete sie kurzerhand eine Kinderbibliothek. »Ich wollte, dass möglichst viele Kinder davon profitieren können.«

Ihre Gründe fürs Ehrenamt sind vielfältig: Vom Wunsch, etwas Sinnvolles zu tun, über Neugier und Wissbegierde bis zum Spaß an der Verantwortung.

»Ehrenamt kostet zwar Kraft, aber es gibt mir auch viel zurück und hat tolle Menschen in mein Leben gebracht.«

Sterbende begleiten

Als ich hörte, dass Michaela seit über fünfzehn Jahren Hospizbegleiterin ist, war ich sehr beeindruckt. Ich stelle mir diese Aufgabe sehr schwierig und auch belastend vor.

»Mit schwerkranken oder sterbenden Menschen zu sprechen oder einfach nur an ihrer Seite zu sitzen, erdet und entschleunigt ungemein, weil plötzlich nichts anderes wichtig ist als diese Atemzüge, die immer öfter aussetzen«, schildert sie ihre Erfahrungen.

Wenn Michaela bei ihren Besuchen im Hospiz spürt, dass sie zur richtigen Zeit am richtigen Ort ist, dann empfindet sie das als enorme Bereicherung. »Gleichzeitig kann man von den Pflegekräften in Sachen gelebter Mitmenschlichkeit so viel lernen – etwa, dass auch und gerade in so einer Situation das Lachen immer noch seine Berechtigung hat.«

Schon ihre Eltern haben ihr soziales Engagement vorgelebt, und sie ist stolz darauf, dass auch ihre Kinder diesem Beispiel folgen – etwa im Kindergottesdienstteam oder in der Flüchtlingshilfe. »Das erfreut mein Herz und macht mich glücklich«, sagt sie.

Mit Menschen in Not reden

Für ihr Engagement in der Telefonseelsorge hat Carla eine intensive Ausbildungsphase durchlaufen. Die Beratung läuft sowohl telefonisch als auch im Chat und grundsätzlich völlig anonym.

»Manche Anrufer sind einsam und wollen sich nur unterhalten«, erzählt sie, »andere sind ratlos oder akut in einer sehr kritischen Situation.«

Sie erinnert sich an eine Nacht, in der gleich zwei Anrufer dabei waren mit Krebs in einem finalen Stadium. Eine echte Herausforderung, die richtigen Worte zu finden, die den Menschen das geben, was sie in diesem Moment brauchen. »Wenn sie sich dann aus vollem Herzen bedanken, freue ich mich sehr.«

Deutsch unterrichten

Sabine empfindet ehrenamtliche Arbeit als wichtigen Teil ihres Lebens. »Mir geht es dabei vor allem darum, einen Beitrag zu einer lebenswerten Gesellschaft zu leisten.«

Jahrelang hat sie Zugewanderten die deutsche Sprache nähergebracht. »Wir haben zusammen gelacht, gestöhnt und mit der deutschen Sprache gekämpft, und ich hatte wirklich viel Freude daran, immer wieder neues Unterrichtsmaterial zu finden und neue Unterrichtsformen auszuprobieren«, erinnert sie sich. »Aber noch viel wichtiger ist wahrscheinlich, dass ich viel von den Teilnehmenden gelernt habe und dass ich im Licht ihrer anderen Traditionen und Werte jetzt vieles mit anderen Augen betrachte.«

Natürlich hat das Unterrichten viel Zeit gekostet – aber es gab ihr zugleich auch immer viel Schwung und Auftrieb für ihren Arbeitsalltag.

»Ich freue mich immer noch, wenn ich zufällig ehemaligen Schüler:innen begegne und erfahre, dass sie auf einem guten Weg sind.«

Alleinerziehende unterstützen

Leonie hat sich schon in diversen Ehrenämtern betätigt, von Lernpatin und Mediatorin an einer Brennpunktschule über die Arbeit als Schöffin bis zur Content-Pflege in einer Nachbarschafts-Plattform. Derzeit unterstützt sie tatkräftig eine Alleinerziehende in prekären Verhältnissen und mit Sozialphobie, die Anfang des Jahres Mutter von Zwillingen wurde.

»Ich habe solches Engagement immer auch als Bereicherung meines eigenen Erfahrungsschatzes und Beziehungsnetzes gesehen, denn dabei hatte ich mit Menschen und ihren Lebensverhältnissen zu tun, die mir so nicht begegnet wären«, sagt Leonie. »Ehrenamt ist auch soziales Lernfeld. Es ist insofern völlig eigennützig. Und in gewisser Weise revanchiere ich mich durch solches Engagement auch für manches, was mir in meinem Leben unverdient an Gutem widerfahren ist.«

Frauen fördern

Sonja ist seit vielen Jahren Mitglied in einem internationalen Frauennetzwerk und Vorsitzende eines Ortsclubs. Als sie gefragt wurde, ob sie sich im Landesfrauenrat engagieren wollte, zögerte sie nicht lange. Schließlich setzt sich dieser Dachverband aktiv für Frauenrechte und Frauenpolitik ein und dient auf Landesebene als Bindeglied zahlreicher Frauenverbände zu Politik, Wirtschaft und Wissenschaft.

»Natürlich sagte ich zu – zunächst nur als Delegierte, inzwischen aber auch im Vorstand«, erzählt sie. »Im Rahmen dieser Arbeit ist mir noch bewusster geworden, wie viel noch zu tun ist. Obwohl wir ja eine rechtliche Gleichstellung und Gleichberechtigung haben. Es fehlt eben an der realen Umsetzung.«

Ein großes Anliegen ist es zum Beispiel, die finanzielle Unabhängigkeit von Frauen voranzubringen. »Es kann doch nicht sein, dass Frauen ihr Leben lang schuften und im Alter Pfandflaschen sammeln müssen«, sagt Sonja. »Das ist ein gesamtgesellschaftliches Problem.«

Ihr Engagement ist zeitintensiv, doch sie empfindet diesen Mehraufwand nicht als Belastung – weil ihr das Thema so wichtig ist. »Wir können diese Ungleichheit nicht einfach hinnehmen.«

Sie will nicht zuletzt auch junge Frauen sensibilisieren, die sich in falscher Sicherheit wiegen und glauben, Gleichberechtigung sei ja faktisch gegeben. Denn nach wie vor haben wir die Entgeltungleichheit und die Rentenlücke.

Sich gemeinsam mit Gleichgesinnten für ein so wichtiges Herzensthema stark zu machen, empfindet Sonja als beflügelnd. Vor allem, wenn die Arbeit zu sichtbaren Erfolgen führt.

Das Leben genussreicher machen

»Mein Mann behauptet, dass ich Ehrenämter regelrecht sammele – und er hat nicht ganz unrecht«, erzählt Anne.

So hat sie zum Beispiel einen Kulturverein mit Schwerpunkt Weltmusik und einen für Slow Food ins Leben gerufen sowie einen privaten Landschaftspark gegründet. Bei diesen Aufgaben konnte sie nicht nur ihr Know-how einbringen, sondern auch jede Menge dazulernen, etwa über Denkmal- und Naturschutz, über Behördenwege, Teamwork oder Diskussionskultur.

»All diese Ehrenämter haben für mich eine zeitliche Grenze – nach ein paar Jahren ist einfach Schluss, und es müssen neue Menschen und Ideen kommen«, davon ist Anne überzeugt.

Nach einem Umzug an einen neuen Wohnort überlegt sie bereits, wie sie sich durch ehrenamtliches Engagement im Dorfgefüge einbringen kann. »Mein Plan ist, ein Backhaus zu reaktivieren. Und so wie es aussieht, renne ich damit offene Türen ein. Den Verein dazu werde ich aber wohl erst noch gründen müssen …«

Friedensstifter ehren

Schon seit 2007 ist Lea Vorstandsmitglied im Aachener Friedenspreis e. V., seit 2011 dessen Pressesprecherin. Ein paarmal war sie schon davor, diese zeitintensive Aufgabe hinzuschmeißen, doch sie ist immer noch dabei. »Wenn dann Preisverleihungen an tolle Menschen anstanden und sich das altbewährte Team perfekt ergänzte, war ich doch froh, weitergemacht zu haben«, berichtet sie. Hinzu kommen die inhaltlich wichtigen und spannenden Themen, aus denen sie positive Energie schöpft. »Ich merke einfach immer wieder, wie gut mir all das tut, wenn es läuft und ich mich auf Menschen verlassen kann.«

Minderjährige Geflüchtete begleiten

Seit sechs Jahren engagiert sich Heike als Vormund für unbegleitete minderjährige Geflüchtete. Sie begleitet drei Mädchen aus Eritrea, ihr Mann hat die Vormundschaft für

Jungen aus Afghanistan, Syrien und Albanien übernommen. Dabei engagieren sich die beiden weit über das normale Maß hinaus: »Unsere Jugendlichen kommen uns oft besuchen. Wir sind bei ihnen, wenn sie gute und schlechte Nachrichten bekommen, kämpfen für sie vor Gericht oder beim BAMF (Bundesamt für Migration und Flüchtlinge). Und an Weihnachten haben wir seitdem ein volles Haus, es wird gemeinsam gelacht, gekocht, gespielt, gegessen, gefeiert.«

Zu diesem Engagement kam sie übrigens durch einen Zeitungsartikel. »Ich dachte sofort: Das mache ich auch. Jugendlichen eine Tür nach Deutschland zu öffnen, ihnen unsere Gesellschaft zu erklären, das ist ein toller Job. Durch sie ist unsere kleine Familie groß geworden – ein schöneres Geschenk gibt es nicht.«

Integrative Schule erhalten

Angelikas Kinder haben eine der ersten integrativen Grundschulen Deutschlands besucht. Als dann verkündet wurde, dass die Schule bereits nach wenigen Jahren wieder schließen müsse, hat Angelika sich gemeinsam mit anderen Eltern entschlossen, für den Erhalt dieser besonderen Schule zu kämpfen.

»Wir haben Sponsoren gesucht und gefunden, Kunstauktionen und Konzerte veranstaltet, in der Fußgängerzone Geld gesammelt, wir waren im Fernsehen und haben alle Register der Öffentlichkeitsarbeit gezogen«, berichtet Angelika. »Es war ein anstrengender Job, der mindestens – zusätzlich zu meinem Beruf – zwanzig Wochenstunden kostete, manchmal sogar mehr, und mich oft an meine Grenzen führte. Aber es hat sich gelohnt: Die Schule besteht bis heute!« Und es gibt inzwischen auch eine öffentliche Förderung dafür.

Inklusives Wandern

Um Integration geht es auch bei Henrikes Engagement in einer inklusiven Wandergruppe für Menschen mit und ohne geistige Behinderung.

»Ziel war es, Menschen mit geistiger Behinderung Erlebnisse zu bieten, die sie allein nur schwer umsetzen können. Dabei sollten sie aber auch die Chance haben, ihre eigenen Grenzen auszutesten und etwas zu erreichen, was sie sich zuvor selbst nicht zugetraut hätten und auf das sie stolz sein können. Ich würde sagen, das ist uns gemeinsam gelungen, und der Stolz beruht total auf Gegenseitigkeit.«

Auch das Begleitteam empfindet die gemeinsamen Wanderungen als Bereicherung.

»Grundsätzlich fühlen sich Ehrenämter für mich nicht als zusätzliche Belastung an, wenn man der jeweiligen Aufgabe mit viel Herzblut verpflichtet ist«, findet Henrike. »Dann ist es eher wie ein Hobby mit Benefit für andere.«

Im Notfall zur Stelle

Immer mehr freiwillige Feuerwehren klagen über zu wenige Kräfte. So auch in Manuelas Heimatort. Deshalb beschloss sie, sich dort zu engagieren.

»Nach wie vor sehe ich mich nicht als diejenige, die in die brennenden Häuser rennt. Aber während ich den Verkehr regle, haben fähigere Feuerwehrleute die Möglichkeit, das zu tun und Brände zu löschen.«

Manuela ist es wichtig, dass im Notfall immer Hilfe zur

Stelle ist – sie will ja schließlich auch, dass ihr und ihren Lieben in solchen Situationen geholfen wird.

Eine besondere Herausforderung war der Grundlehrgang. »Wir haben geschwitzt, wir haben geschimpft, es war verdammt anstrengend. Aber: Meine sich anbahnenden Rückenschmerzen sind verschwunden. Und einiges von dem Wohlstandsspeck auch – und das trotz der leckeren Versorgung vor Ort und der Schokolade.«

All diese Beispiele lassen sich auf eine einfache Formel bringen: Ehrenämter kosten Zeit, aber sie vergrößern nicht zwangsläufig den Mental Load. Im Gegenteil, das Engagement wird meist gar nicht als Belastung empfunden, sondern vielmehr als Bereicherung.

Ich persönlich finde es cool, Dinge mitgestalten zu können. Vor allem wenn man die eigenen Stärken einbringt. Deshalb werde ich wohl auch in Zukunft eher keinen Kuchen für irgendeinen Basar backen, sondern lieber die Vereinswebsite neu betexten.

Ehrenamt – bringt mehr als nur ein gutes Gefühl

Anderen zu helfen, kann sehr erfüllend sein. Doch Menschen engagieren sich nicht nur aus reiner Selbstlosigkeit für andere. Auch die Helfenden profitieren davon.

Etwa, weil sie auf diesem Weg wertvolle Erfahrungen sammeln, sich selbst ganz neu kennenlernen oder etwas dazulernen und neue Kontakte knüpfen.

Vielleicht bringen sie dabei sogar ihre Karriere voran – eine Win-win-Situation.

Andere haben selbst in der Vergangenheit Unterstützung erfahren und wollen nun etwas zurückgeben.

Oder sie wollen aktiv dazu beitragen, dass sich die Gesellschaft zum Besseren verändert.

Es gibt viele gute Gründe, sich zu engagieren. Entscheidend ist, dass Sie es gern und freiwillig tun. Sonst tappen Sie womöglich doch in die Mental-Load-Falle …

Neu hier?
Über das Fremdsein, Neuanfänge und Orientierungsschwierigkeiten

Ein weiterer sehr wesentlicher Aspekt des Ehrenamtes oder der Freiwilligenarbeit ist, dass man Gleichgesinnte trifft. Oder überhaupt Menschen, mit denen man sich verbinden kann. Das mag im vertrauten Umfeld nicht unbedingt im Vordergrund stehen, aber mich hat mein ehrenamtliches Engagement für Obdachlose über die Schule meiner Kinder regelrecht gerettet. Selbst wenn es mich in weitere unwägbare Situationen, an meine sprachlichen und orientierungsvermögenden Grenzen gebracht hat.

Denn diese Schule steht in Tokio. Und ich hatte ja keine Ahnung. Von nichts. Ohne meinen Mann wäre ich nie in dieser Situation gelandet – und oft genug habe ihn deshalb verwünscht und erkannt, dass der »in guten und in schlechten Zeiten«-Passus im Ehegelübde auch ziemlich viel von »Mitgefangen, mitgehangen« hat und ich aus dieser Auslandsnummer wohl nicht rauskam, wenn ich den Mann behalten wollte. Und das wollte ich. Meistens. Denn noch viel öfter war ich dankbar dafür, dass ich dank ihm eines der größten Abenteuer meines Lebens erleben durfte, und an jedem Tag, den wir dort verbracht haben, war mir klar, dass ich davon noch meinen Enkeln erzählen würde.

Ich bemühte mich, die Kinder bestmöglich auf die neue Situation einzustimmen, um ihnen einen geschmeidigen

Übergang zur neuen Schule zu ermöglichen, obwohl sie dort eine neue Sprache lernen und hier emotionale Abschiedsfeste überstehen mussten. Ich führte unendliche Gespräche über Freundschaften, die zurückgelassen und andere, die neu geschlossen werden mussten. Ich versuchte, gelassen, souverän und zuversichtlich zu wirken, während ich mir Tag und Nacht dieselben und noch viele weitere Fragen stellte: Wie wird das? Werde ich Freunde finden? Was ist mit meinen Eltern zu Hause? Und warum zur Hölle machen wir das überhaupt?

Ich beruhigte die Großeltern, kümmerte mich um Versicherungen, Ämter und Zwischenlösungen für gefühlt alles, denn so ein Umzug geht nie so reibungslos vonstatten wie erwartet. Ich war zu diesem Zeitpunkt 39 Jahre alt, nervös und aufgeregt und wünschte mir jemanden an meiner Seite, der sagen würde, dass alles gut werden würde. Jemanden, der in die Zukunft sehen und dem ich das glauben konnte. Dafür war es allerdings ziemlich egal, dass Holger nach Tokio versetzt wurde – tatsächlich wäre alles vermutlich ganz ähnlich abgelaufen, wenn wir nach New York, Paris oder nach Castrop-Rauxel gezogen wären. Wir hätten uns fremd gefühlt. Neu anfangen müssen. Und gleichgültig, wo wir gelandet wären, wären wir aufeinander angewiesen gewesen, denn wir kannten nun mal niemanden. Zur selben Zeit zog meine Freundin Sandra mit ihrem Mann Michael und den drei Söhnen ebenfalls ins Ausland – und zwar nach Graz, Österreich.

Wir trafen uns bei einem Seminar, zu dem alle eingeladen wurden, die in den nächsten Wochen und Monaten zu einem Arbeitseinsatz ins Ausland entsandt werden sollten. Sandra und Michael wurden ständig belächelt, und der eine oder andere hielt es für völlig übertrieben, dass die beiden überhaupt dabei waren, denn für Österreich mussten sie keine neue Sprache lernen, fielen dort nicht durch ihr Aussehen auf, es gelten die gleichen gesellschaftlichen Regeln und so weiter.

Aber tatsächlich hatten es Sandra und ihre Jungs am Anfang gerade deshalb schwer: Während wir anderen aus dem Kurs nämlich offensichtlich keine Inder, Japaner, Chinesen oder Brasilianer waren und auch von den Einheimischen eindeutig als Ausländer erkannt wurden, von denen man nicht erwarten konnte, dass sie die Sprache, Benimm-, Verkehrs- oder Schulregeln kennen, einen klitzekleinen Besucherbonus erhielten und in der Schule auf uns Nicht-Muttersprachler Rücksicht genommen wurde, war das in Österreich ganz anders. Sandras Jungs kämpften mit dem anderen Deutsch, dem anderen Schulsystem und einfach damit, eigentlich gleich und doch ein bisschen anders zu sein. Schulnoten. Abschlüsse. Satzfärbung. Manche Vokabeln.

Und auch das wäre für uns Schwaben beispielsweise in Hamburg vermutlich ähnlich gewesen. Die Anfangsschwierigkeiten gaben sich irgendwann, und mittlerweile haben Sandra und ihr Mann in Graz ein Haus gebaut und wollen dort nie wieder weg.

So gern ich reise und mich in abenteuerliche Situationen begebe: In Japan sehnte ich mich nur und sehr dringend nach irgendetwas Vertrautem. Einem Gesicht. Einem Gefühl. Einem Geruch. Einer Landschaft. Nach irgendetwas, das mir das Gefühl vermitteln konnte, das hier bewältigen zu können. Und ich dachte sehr oft: Das halte ich nicht aus. Ich schaffe es nicht. Ich bin gescheitert. Und wann, verdammt, geht der nächste Flug nach Europa zurück?!

Aber das konnte ich meinem Mann natürlich nicht sagen. Er hatte seinen Platz gefunden, die Kinder begannen, sich einzuleben. Und ich lehnte am Fenster und heulte heimlich.

Mein absoluter Mental-Load-Moment war also im Grunde keiner. Es ging ja allen gut – dafür hatte ich wie so oft gesorgt. Nur mir eben nicht. Und ich hatte niemanden zum Reden, weil ich eben niemanden kannte und weil ich ein Vorbild sein wollte. Und weil Mütter eben belastbar sind wie emotionale Superhelden. Ich fing an zu bloggen, weil ich niemanden zum Reden hatte, denn wenn ich wach war, schliefen meine Freundinnen zu Hause. WhatsApp und Co gab es noch nicht, aber mein Bedürfnis, mich mitzuteilen, war eben nun mal da. Aus diesem Blog ist übrigens mein erstes Buch entstanden, und auch sonst hat mir diese Zeit, in der ich so auf mich zurückgeworfen war, im Nachhinein sehr gutgetan.

In dieser Zeit lernte ich viel, auch über mich. Wir alle entwickelten uns weiter, stießen an Grenzen, überwanden sie, nur um an neue zu stoßen. Ich habe Dinge gegessen, die ich keiner mir bekannten Lebensmittelkategorie zuordnen kann, habe versucht, aus etwas, das ich für Rhabarber hielt, Marmelade zu kochen, nur um festzustellen, dass es eine asiatische Sellerieform war (leider erst, als ich es abgefüllt hatte), ich habe mir Sprühkleber unter den Arm gesprüht, weil ich ihn für Deo hielt, ich habe hinter unserer Hecke einer vermeintlichen illegalen Bestattung auf dem Nachbargrundstück beigewohnt, die sich später als Bauplatzsegnung entpuppte, habe für ein Brot fast zwanzig Euro bezahlt und Nachtwächtern zugehört, die jede Nacht durch die Straßen ziehen, um den Menschen zu sagen, dass sie ihre Feuer ausmachen sollen. Ich habe mit meiner Familie das schlimme Erdbeben 2011 miterlebt und in einer überstürzten Flucht alles zurückgelassen und bin mit den Kindern nach einem halben Jahr Deutschland wieder nach Japan zurückgekehrt, weil bis dahin dieses fremde und so zauberhafte Land längst zu unserer Heimat geworden war. Und weil ich kein einziges Mal die Entscheidung, dorthin zu ziehen, rückgängig hätte machen wollen. Damit, ganz ehrlich, hätte ich an diesem ersten Tag nach unserer Ankunft in Tokio wirklich nicht gerechnet.

Vielleicht wären unsere Erlebnisse in Berlin, irgendwo an der Ostsee, in Niederbayern oder einfach nur auf dem schwäbischen Land nicht ganz so aufregend gewesen. Vielleicht aber doch. Eines ist sicher: Es wäre ein Verlust gewesen, sie nicht erlebt zu haben. Und ganz nebenbei nie mit dem Schreiben angefangen zu haben.

Was ich damit sagen will: ganz egal, ob wir die Landessprache nun sprechen oder nicht, Neuanfänge sind nie leicht, wenn auch aus ganz unterschiedlichen Gründen. Aber wir entdecken dabei Neues – immer auch über uns. Und manchmal entstehen aus Belastungssituationen neue Erkenntnisse. Hobbies. Berufe. Verbindungen, die sonst nie entstanden wären. Ob wir von Stuttgart nach Tokio oder »nur« nach Berlin, Hamburg, München oder aufs Land umziehen, verlassen wir bekannte Umgebungen, Abläufe und soziale Verbindungen. Wir müssen uns neu orientieren. Das ist manchmal nicht leicht. Aber man kann es auch ganz anders sehen. Denn es ist auch eine Chance. Schließlich können wir uns dabei auch ganz neu erfinden. Hauptsache, wir finden unseren Weg in eine Gemeinschaft, in der wir uns wohlfühlen. Das gilt übrigens nicht nur für Umzüge, sondern auch für Trennungen und neue Jobs – für jede große Veränderung in unserem Leben. Es lohnt sich, ein bisschen durchzuhalten und sich auf etwas einzulassen, auch – oder gerade – wenn es uns fremd ist. Es ist völlig okay, auch mal verzweifelt oder verloren zu sein, denn es wird andere Momente geben, die uns staunen und lachen lassen. Und am Ende verlieren wir vielleicht sogar unser Herz, schreiben Bücher darüber, Lieder oder Theaterstücke. Aber das kann man am ersten Tag natürlich noch nicht ahnen.

Neu hier?
Die besten Tipps zum Einleben in einer neuen Stadt, einem neuen Land oder einer neuen Lebenssituation

Das Erste (und Wichtigste), was Sie sich immer wieder klarmachen dürfen, ist:
Umzüge und Neuanfänge sind oft nicht leicht und gerade als »Stay at home mom« eine besondere Herausforderung. Holger war bei der Arbeit und die Kinder in der Schule. Alle waren gut untergebracht und gut gelaunt. Nur ich musste wirklich von vorne anfangen, und vor allem musste ich mich der Frage stellen, wer ich eigentlich bin. Ganz ehrlich: Wäre Japan und meine Sehnsucht nach meinen Freundinnen und meiner Familie nicht gewesen, mit denen

ich alles teilen wollte, hätte ich vermutlich nie mit dem Bloggen angefangen, daraus wäre nie mein erstes Buch »Hallo Japan – Familie Hutzenlaub wandert aus« entstanden, ich hätte Heike nie kennengelernt und würde nun nicht hier sitzen und dankbar dafür sein, was dieses Abenteuer alles mit sich gebracht hat. Was ich daraus gelernt habe: Man kann nicht alles planen. Aber man kann das Beste daraus machen. Und dass ein Neuanfang auch eine Riesenchance sein kann, ist ja auch klar, oder?

Übrigens: Als wir nach drei Jahren wieder nach Hause zurückkehrten, gab es für uns wieder ein Coaching fürs Nachhausekommen – und das haben wir genauso gebraucht wie das erste. Denn nach drei Jahren in Japan war uns unsere Heimat ganz schön fremd geworden.

Also: Egal, wie gut Sie sich vorbereiten, es werden dennoch unvorhergesehene Dinge geschehen. Herausforderungen kommen. Ja, auch vielleicht schwierige Situationen. Möglicherweise werden Sie sich fremd fühlen, einsam und Ihre Entscheidung bereuen, aber all das geht vorbei. Das verspreche ich – Ihnen und mir selbst.

Sport

Sport hilft, um sich einzugewöhnen und Anschluss zu finden, schon allein, weil man Gleichgesinnten begegnet – und weil gerade in fremden Ländern, in denen man die Sprache noch nicht kennt, wenigstens die Fußball-/Volleyball-/Tennisregeln genauso sind wie überall auf der Welt. Außerdem lernt man die Sprache schneller – und wenn man meiner fußballspielenden Tochter Maria glauben darf, dann lernt man auch die wesentlichen Vokabeln sofort. Sie konnte ab Tag eins in ihrem japanischen Team jedenfalls auf Japanisch fluchen, dass es eine Freude war.

Mein Tipp:

- Wander- oder andere Sportgruppen
- Yoga- oder Fitnessstudio suchen
- Viel zu Fuß gehen, mit dem Rad fahren und öffentliche Verkehrsmittel nutzen. Nirgends erfährt man so viel über Menschen wie in Straßenbahnen – und man sieht meistens ein bisschen was von der Umgebung. Kann man auch mal an einem regnerischen Sonntag einfach so machen. Ringbahnen eignen sich besonders, immerhin kommt man automatisch wieder am Ausgangspunkt an!

Kunst und Kultur

Suchen Sie sich einen Lesekreis, einen Chor, eine Malgruppe – oder machen Sie einen Sprachkurs in der Landessprache. Und wenn Sie in Deutschland neu sind, einen in einer Sprache, die in einem Land gesprochen wird, in das Sie gerne wieder einmal reisen würden – vielleicht findet sich in diesem Kurs ja sogar Ihr zukünftiger Reisepartner?

Im unmittelbaren Umfeld

- Kontakte über die Kinder/Schule der Kinder suchen/sich dort engagieren
- Wenn möglich, selbst arbeiten und wenn es auch nur für ein paar Stunden ist
- Volunteering/ehrenamtlich engagieren (Tierrettung/Jugendarbeit)
- Einen Abstecher zum Touristenbüro machen (da gibt's auch kostenlose Karten) und sich Besichtigungstouren überlegen
- Mit Google Maps die Gegend zu Fuß erkunden (und vielleicht sogar Menschen nach dem Weg fragen)
- Ganz früh am Sonntagmorgen zur Orientierung durch die Stadt fahren, dann ist wenig Verkehr und man kann sich einen Überblick verschaffen
- Immer in den gleichen kleinen lokalen Geschäften einkaufen
- Mit Kuchen bei den Nachbarn vorbeigehen
- Lokale Veranstaltungen besuchen
- Öffentliche Bibliotheken besuchen
- Kirchengemeinde
- Im Ausland: Clubs wie »New in Town«, »Internations«, »Goethe Institut«, »Newcomers Club« beitreten

Virtuell

- Facebookgruppe der Stadt/des Viertels/beitreten
- Schon vorher Blogs zur neuen Umgebung lesen

- Im Ausland: Seiten der deutschen Schulen besuchen (geht auch ohne Kinder;-), die haben auch sehr oft »coffee mornings« oder andere Begegnungs- und Kulturgruppen und auf jeden Fall nützliche Tipps und Links zum Reisen und zur Umgebung

Grundsätzlich

- Small Talk üben, dranbleiben ohne aufdringlich zu sein, Verbindlichkeiten schaffen, Handynummer austauschen, Einladungen aussprechen
- Wenn Sie niemanden kennen, Sie Ihre Erlebnisse aber mit jemandem teilen wollen (so wie ich), schreiben Sie Tagebuch! (Siehe auch alle anderen Tipps bei »Monkey Mind« im Kapitel »Cogito ergo sum« auf Seite 148). Egal, ob es später jemand druckt oder liest – es tut einfach gut, Dinge auszusprechen, aufzuschreiben, loszulassen. Und Tagebücher sind geheim. Da darf wirklich alles rein.

Der Tipp, den ich am häufigsten gelesen habe, ist übrigens folgender:

Legen Sie sich einen Hund zu. Man trifft beim Gassigehen nette Menschen, die ebenfalls Hunde haben, kommt ins Gespräch, verabredet sich zu »social walks«. Außerdem: Wer einen Hund hat, ist per se nicht mehr einsam. Aber hmm … Ich bin ja nun mehr so der Katzenmensch. Erstens. Und zweitens mir einen Hund zuzulegen, nur um Menschen kennenzulernen? Ich weiß nicht … Außerdem ist es dann ja auch wieder viel komplizierter, wenn man mal länger als ein paar Stunden weg ist, verreisen will, wenn sich die Hunde nicht verstehen, oder wenn es regnet?! Ja ja, ich weiß: Ich bin, was die Hundesache angeht, ein alter Miesepeter. Das finden meine Kinder sowieso und schon immer. Dabei hätte jedes einen eigenen Hund verdient und schon immer gewollt und überhaupt: Ich bin die ungerechteste Mutter der Welt.

Übrigens: Falls Sie mehr über unsere Auswanderer-Abenteuer lesen oder einfach nur wissen wollen, was aus »Hallo Japan – Familie Hutzenlaub wandert aus« geworden ist: Sie finden es mit der ISBN-Nummer 10-3 754 312 618 überall da, wo es Bücher gibt.

Die furchtbar schönsten Tage des Jahres: Familienfeste, Urlaube und andere Nervenkrisen

Nicht zufällig empfinden viele Frauen den Mental Load an Weihnachten oder im Familienurlaub als besonders hoch. Denn natürlich sollen die schönsten Tage des Jahres perfekt sein! Also – für alle anderen jedenfalls. Für diejenige, die herumwirbelt, organisiert, einkauft, vorbereitet, plant, kocht, verpackt und alles schön macht, ist es das meist weniger. Logischerweise.

Und dann kommen auch noch die Sorgen dazu: Werden sich alle vertragen? Wird es ihnen gefallen? Wird niemand enttäuscht sein? Wird die Stimmung gut?

Moooment! Schalten wir mal einen Gang herunter. Sie sind doch nicht für alles verantwortlich! Am Ende auch noch für das Wetter und den Stau und die Benzinpreise …

Tatsache ist: Wer mit aller Gewalt will, dass alle happy und zufrieden sind, und sich dabei selbst vergisst, kann schlecht entspannt sein. Das ist im Alltag schon schwer – und noch viel komplizierter an Familienfesten. Denn wenn die Erwartungen hoch sind, dann ist es die Fallhöhe erst recht, und die Dinge, die einem sonst egal wären, werden plötzlich zu Dramen.

Henny kann ein Lied davon singen. Und das fast monatlich. In einer siebenköpfigen Familie häufen sich die feierlichen

Anlässe eben – allein schon die Geburtstage, dazu Erstkommunionen, Firmungen, Ostern und Weihnachten, bestandene Führerscheine und Schulabschlüsse, nicht zu vergessen die Feste der lieben Verwandten …

Ein typischer Kindergeburtstag beginnt für Henny damit, dass sie um vier Uhr früh aufsteht, um aus den am Vortag gebackenen Kuchenböden eine Sahnetorte zu zaubern. Anschließend Frühstück für alle inklusive Gratulationszeremonie, und dann ab in die Schule beziehungsweise zur Arbeit. Am Nachmittag findet die Feier mit den Freunden des Geburtstagskindes statt, am Abend kommen Großeltern, Onkel, Tanten, Cousinen und Cousins.

»Gleich zwei Feiern an einem Tag – das ist Stress pur«, sagt Henny. »Das Ganze ist ja auch immer mit ganz viel Organisation verbunden. Vom vorherigen Einkaufen über das Möbelumstellen und die Raumdeko bis zum Backen und Kochen – wobei Letzteres zum Glück mein Mann übernimmt. Und die obligatorischen Muffins für die Mitschüler backt die Oma.«

Was sie noch mehr belastet, sind die Befindlichkeiten der Gäste, vor allem der erwachsenen, auf die während der Party zu achten ist. Zerstrittene Verwandte und geschiedene Großeltern mit teilweise neuen Partnern, das sorgt für allerhand Zündstoff und erfordert eine ausgeklügelte Sitzordnung, um das Konfliktpotenzial zu entschärfen.

»Da brauche ich ganz schön viel Fingerspitzengefühl«, erzählt Henny. »Wichtig ist mir dabei aber vor allem, dass es den Kindern gut geht und ihnen ihr Fest gefällt, was eigentlich immer der Fall ist. Dann hat sich der Aufwand für mich gelohnt. Gestresste Mutter, glückliche Kinder – alles gut.«

Wenn am Ende nur die anderen Spaß haben, man selber aber bloß Arbeit, ist es kein Wunder, dass viele Frauen den Spaß am Feiern verlieren. Vor allem am eigenen Geburtstag.

Mal Hand aufs Herz: Freuen Sie sich noch auf dieses Datum? So aus tiefster Seele, wie damals in der Kindheit, als Sie den großen Tag kaum erwarten konnten?

Mal unabhängig davon, ob Sie Probleme mit dem Älterwerden haben (werden Sie übrigens auch so, ohne Ihren Ehrentag zu genießen): Finden Sie es nicht wundervoll, auf allen Kanälen liebe Grüße und Glückwünsche zu bekommen?

Ich empfinde das als echte Wohlfühldusche! Und ich feiere auch gern. Ja, ehrlich.

Aber ich habe auch das Glück, dass mir mein Mann bei solchen Anlässen fast die komplette Arbeit abnimmt: Planen, einkaufen, kochen, servieren, das übernimmt alles er. Ich lade bloß die Gäste ein und decke den Tisch.

Schon klar, das ist purer Luxus. Aber eigentlich ist es gar nicht so schwer, ein bisschen mehr an sich selbst zu denken. Nicht nur am eigenen Geburtstag.

Fünf Tipps, wie Sie Feste entspannter genießen können

Müssen Sie das wirklich alles allein vorbereiten? Und auch noch die Gäste bedienen? Ganz ehrlich – wenn das so wäre, würde ich niemals irgendwas feiern. Was wirklich schade wäre. Aber es geht auch anders. Probieren Sie's aus!

Tipp 1: Lassen Sie sich Hilfe schenken

Natürlich kommt niemand ohne Geschenk zur Party. Schließlich will man Ihnen eine Freude machen. Aber womit? Sie haben doch schon alles!

Statt der drölfzigsten Blumenvase oder irgendeinem Verzweiflungspräsent, das flugs wieder in die Tombola wandert, können Sie sich doch einfach konkrete Unterstützung wünschen.

Ihre Freundin ist eine echte Deko-Queen? Dann überlassen Sie es ihr doch einfach, die Tische zu schmücken.

Ihr Bruder backt die herrlichsten Torten? Nur zu, er soll eine mitbringen.

Und dann kennen Sie noch jemanden mit einer wunderschönen Handschrift oder einem Talent in Grafikdesign? Dann ist das genau die richtige Person, um die Einladungen oder die Platzkarten zu gestalten.

Damit schlagen Sie zwei Fliegen mit einer Klappe: Sie selbst werden entlastet – und die Gäste sind glücklich, Ihnen eine echte Freude machen zu können.

Tipp 2: Die Mitbringparty

Die Schweden nennen es *Knytkalas* – die Feier, zu der jeder etwas mitbringt: Getränke, Kuchen, Salate, Häppchen, Desserts, Knabberzeug …

Sie können vorab eine Liste machen und eintragen, wer was beisteuert. Oder Sie lassen es darauf ankommen. Auf die Gefahr hin, dass es fünf Nudelsalate gibt, sieben Mal Tiramisu und kein Getränk außer süßem Wein.

Aber ganz ehrlich: Ich habe es ausprobiert, und die Auswahl war wunderbar abwechslungsreich. Wenn dann noch alle eigenes Geschirr und Besteck dabeihaben, müssen Sie hinterher nicht mal abwaschen!

Tipp 3: Untertrumpfen

Im Bekanntenkreis wird reihum eingeladen – und ein Fest ist spektakulärer als das andere? Was da aufgetischt wird, sieht aus wie aus dem Sterne-Restaurant, die Deko ist das reinste Kunstwerk, und ein DJ reicht schon nicht mehr – eine Liveband muss her …

Die Spirale ist schwer zu durchbrechen. Es sei denn, Sie tun es ganz bewusst. Statt zu versuchen, die anderen zu übertrumpfen, machen Sie doch einfach mal das genaue Gegenteil: Servieren Sie Ihren Gästen Kartoffelsalat mit Würstchen (und eventuell eine vegetarische oder vegane Alternative), dazu wird das Radio eingeschaltet, fertig.

Wetten, dass das ein gemütlicher und sehr entspannter Abend wird? Denn letztendlich geht es doch um das Zusammensein. Miteinander reden, lachen und feiern funktioniert in ungezwungenem Rahmen besonders gut. Würde mich übrigens nicht wundern, wenn Sie Nachahmer finden werden!

Tipp 4: Den Nachwuchs einspannen
Haben auch alle noch volle Gläser? Wenn Sie sich darauf konzentrieren und den ganzen Abend herumhüpfen, um die anderen zu versorgen, haben Sie selbst wenig Vergnügen.

Wie wäre es also, wen Sie den Mundschenk-Job an die Kinder delegieren? Ihre eigenen oder die der Gäste. Denen ist es bei Erwachsenen-Veranstaltungen eh oft langweilig, und sie freuen sich garantiert über eine verantwortungsvolle Aufgabe.

Okay, es könnte vielleicht mal ein Glas zu Bruch gehen. Na und? Ist Ihnen das etwa noch nie passiert? Sie werden ohnehin dermaßen relaxed sein, dass Sie sich über solche Kleinigkeiten überhaupt nicht aufregen.

Tipp 5: Tun Sie, was Ihnen gefällt!
Es ist Ihr Fest, also sollte es in erster Linie Ihnen gefallen. Das wird leider viel zu oft vergessen. Natürlich sollen sich auch die Gäste wohlfühlen, aber das können die doch auch nur, wenn Sie selbst gut drauf sind. Sind Sie dagegen so gestresst, dass Sie sich am liebsten ins Bett verkriechen würden, kippt die Stimmung doch ohnehin.

Seien Sie also ruhig ein bisschen egoistisch! Laden Sie niemanden aus purer Verpflichtung ein – umgeben Sie sich ausschließlich mit Lieblingsmenschen. Tischen Sie auf, was Ihnen schmeckt und wenig Arbeit macht. Und versuchen Sie bloß nicht, eine perfekte Gastgeberin zu sein. Schließlich sind Sie kein gastronomischer Betrieb, oder? Sehen Sie!

Zusatztipp: Weihnachtschaos vermeiden

Geschenke besorgen, verpacken, verschicken, Hausputz, Menü planen, kochen, auftischen, bescheren, Kinder ins Auto verfrachten, dann schnell zu Oma, Opa, Urgroßonkel, Patentante … Und zwischendrin bitte das Atmen nicht vergessen!

Klingt eher nach einem hektischen Hindernislauf als nach stiller Nacht. Mal ehrlich: Wollen Sie das wirklich? Und – angenommen Sie stellen zum Fest Ihre eigenen Wünsche hintan – gefällt das überhaupt *irgendwem*?

Überlegen Sie doch einfach mit allen Beteiligten, wie es entspannter zugehen könnte. So manche Stressfaktoren lassen sich einfach eliminieren:

Statt eines aufwendigen Menüs gibt es zum Beispiel Raclette, und alle helfen bei den Vorbereitungen. Oder – noch einfacher – Butterbrezeln. Es ist schließlich der zweite Feiertag und alle sind ohnehin längst überfressen. Die Verwandtschaft wird es Ihnen danken, sich nicht anstandshalber erneut vollstopfen zu müssen.

Den großen Hausputz streichen Sie einfach – es reicht doch, wenn es »normal sauber« ist, so wie sonst.

Und die Bescherungstournee zur lieben Verwandtschaft? Verteilen Sie einfach über mehrere Tage oder gar Wochen. Dann bleibt für jeden Besuch auch richtig viel Zeit, und alle können das Beisammensein in Ruhe genießen.

Klingt gut? Sag ich doch: O du fröhliche!

Disclaimer:
Sie lieben es über alles, Feste zu organisieren? Je mehr zu tun ist, desto lebendiger fühlen Sie sich? In dieser Aufgabe gehen Sie voll auf? Dann vergessen Sie sämtliche Tipps! Denn in diesem Fall bedeutet das Ganze für Sie ja überhaupt keine Belastung, sondern ist eher ein erfüllendes Hobby. Wunderbar! Wann laden Sie uns denn mal ein?

Nicht nur an Festen hat Mental Load übrigens Hochkonjunktur, sondern auch auf Reisen. Urlaub, vor allem Familienurlaub, kann leicht in Stress ausarten. Andererseits: Urlaub zu Hause ist noch stressiger!

Haben Sie sich schon mal gefragt, warum es so selten gut geht, sich einfach mal ein paar ruhige Tage daheim zu machen? Natürlich sind Reisebuchung, Kofferpacken, Anreise und Spaßprogramm vor Ort anstrengend. Aber daheim im Garten ein Buch lesen, das klappt doch eh nur selten. Denn: Man könnte ja wenigstens erst mal noch die

Waschmaschine anwerfen. Und der Rasen müsste mal gemäht werden. Und …

Aber wir alle brauchen hin und wieder eine Auszeit. Auch Sie! Allein schon aus Gründen der Selbstfürsorge.

Für meine Freundin Henny haben Reisen immer eine wichtige Rolle im Leben gespielt. »Das sind meine Erholungsoasen«, sagt sie.

Was bei den Familienurlauben mit fünf Kindern natürlich nur bedingt funktioniert. »Einerseits ist es toll, dass wir dann alle zusammen sind, andererseits aber nicht besonders erholsam, weil die Interessen sich unterscheiden. Für mich persönlich haben diese Reisen die Bezeichnung Urlaub nur bedingt verdient.«

Deshalb hat sie sich zwischendurch auch immer wieder kleine Auszeiten von der Familie gegönnt und ist alleine verreist. »Auch als Ehefrau und Mutter war es schon immer mein Grundsatz, mich selbst niemals aufzugeben, sondern auch etwas für mein Wohlbefinden zu tun. Allein schon deshalb ist mir finanzielle Unabhängigkeit ganz wichtig.«

Reisen zu können ist ihr Lebenselixier. Obwohl es mit der wachsenden Anzahl der Kinder immer schwieriger wurde, sich die Zeit dafür freizuschaufeln. »Die Organisation ist mit vier Söhnen und einer Tochter ganz schön aufwendig«, berichtet sie, »vor allem, als sie klein waren. Aber es lohnt sich. Und irgendwie funktionierte es auch immer. Der Nachwuchs war stets gut versorgt, zum Beispiel durch meinen Mann und die Großeltern oder andere Verwandte, bei denen sie dann quasi ebenfalls ›Urlaub machen‹ durften.«

Als die Kinder größer waren, hat Henny auch gemeinsame Trips mit ihnen unternommen. Zum Beispiel mit dem Ältesten im Zug nach Wien, mit dem Mittleren nach New York, mit den Jüngsten nach Marokko, mit dem Nesthäkchen im Flixbus nach Berlin …

»Reisen waren für mich immer die Grundvoraussetzung dafür, anschließend wieder den Herausforderungen des Alltags gerecht zu werden. Ich schöpfe Kraft daraus und brauche den Perspektivenwechsel.«

Nicht zuletzt ist es Henny als echter Sonnenanbeterin wichtig, hin und wieder der Kälte zu entfliehen.

Und obwohl sie den Süden liebt, konnte ich sie bereits zu gemeinsamen Trips gen Norden überreden – nach Holland und nach Stockholm. Reisen mit Freundinnen erlebt Henny als ganz neuen Luxus. Das Älterwerden (das eigene und das der Kinder) hat eben auch viele Vorteile – nicht zuletzt in Sachen Mental Load.

Übrigens – Stress muss nicht immer schlecht sein

Stress macht krank, schon klar. Vor allem, wenn Sie ihm auf Dauer ausgesetzt sind.

Aber es gibt auch Stress mit positivem Effekt. Den nennt man *Eustress* – ja, ernsthaft, das hab ich mir nicht ausgedacht. Sondern die alten Griechen waren's. Jedenfalls haben wir ihnen die Vorsilbe »eu« zu verdanken, und die bedeutet so viel wie »gut«.

Während negativer Stress als bedrohlich empfunden wird, wirkt sich Eustress vielmehr beflügelnd aus. So geht es uns in herausfordernden Situationen, die nicht ausweglos, sondern durchaus lösbar sind. Vor Bewerbungsgesprächen beispielsweise. Oder vor Prüfungen (es sei denn, man hat null Ahnung und kein bisschen gelernt – dann dürfte das »eu« leicht mal abhandenkommen). Auch vor schönen Dingen: Urlaubsreisen und Dates, Konzerten oder sportlichen Wettkämpfen.

Sie fühlen sich dann zwar ein bisschen angespannter als sonst, aber auch regelrecht euphorisch. Die freigesetzten Stresshormone sorgen dafür, dass Sie fokussierter sind als sonst und daher Ihr Bestes geben (oder, wie Sporthelden es gerne formulieren: »Ihre Leistung abrufen«) können. Und ja, das gilt auch für Familienfeste, falls Sie diese als positiv erleben.

Übrigens: Im Gegensatz zu ungesundem Stress wirkt sich Eustress nur kurzfristig aus. Wichtig ist, dass Sie sich anschließend Zeit zur Regeneration gönnen. Oder wie es so schön heißt: Dass Sie sich von den Feiertagen erst mal erholen. ☺

Ideensammlung Selbstfürsorge: Dinge, die uns guttun!

Kultur: Wann waren Sie zuletzt auf einem Konzert? In einem Musical? Bei einer Vernissage? Ob allein, mit Ihrem Partner oder einer Freundin – gönnen Sie sich doch ab und zu mal ein kulturelles Highlight!

Bewegung: Finden Sie heraus, welche Sportart Ihnen guttut. Vielleicht ist es die Muckibude, vielleicht der Golfplatz. Walking, Jogging oder einfach nur lange Spaziergänge? Funktioniert übrigens ebenfalls zu zweit besonders gut. Dabei können Sie sich nicht nur gegenseitig motivieren, sondern auch ausgiebig austauschen!

Lesen: Davon, dass Sie Bücher lieben, gehe ich jetzt einfach mal aus – sonst würden Sie dieses nicht lesen. Aber wie oft nehmen Sie sich die Zeit dafür? Nur abends im Bett? Und dann fallen Ihnen nach einer halben Seite die Augen zu? Schaffen Sie sich Leseauszeiten. Einfach so. Mitten am Tag! Ganz schön verwegen, oder? Aber doch so leicht zu realisieren.

Essen: Ein Grundbedürfnis? Nicht nur – denn Genuss ist mehr als pure Nahrungsaufnahme. Zelebrieren Sie doch mal wieder ein richtig schönes Menü. Entweder selbstgekocht (wenn Sie Spaß daran haben) oder in einem schicken Restaurant. Wie heißt es in der Werbung so schön? Man gönnt sich ja sonst nichts. Wobei: Nein, ich finde, Sie sollten sich noch viel mehr gönnen …

Schreiben: Ob Sie Gedichte verfassen, sich Kurzgeschichten ausdenken, Briefe schreiben, sich an einem Roman probieren oder einfach nur Tagebuch führen: Schreiben tut gut und sortiert auf wunderbare Weise Ihre Gedanken. Was Sie mit Worten festhalten, wird konkreter, fassbarer – und, falls es Probleme sind, lösbarer.

Kreativ sein: Wenn Schreiben nicht so Ihr Ding ist, wie wäre es dann vielleicht mit Malen? Töpfern? Wandtattoos machen? Schnitzen? Upcycling? Weben? Handlettering? Schöne Dinge zu erschaffen, erfüllt mit großer Zufriedenheit – vor allem, wenn Sie dabei in einen Flow kommen. Zeit spielt dann plötzlich überhaupt keine Rolle mehr, Probleme und Stress lösen sich für einen Moment in Luft auf.

Musik: Ob Beethoven oder Adele, Helene Fischer oder Rammstein: Ihre Lieblingsmusik zu hören, tut einfach gut. Davon profitieren Körper, Geist und Seele. Ja, Musik ist gesund. Und macht glücklich. Und selber musizieren noch mehr. Spielen Sie ein Instrument! Singen Sie! Es muss nicht konzertreif sein. Es reicht, wenn Sie Spaß haben.

Faulenzen: Können Sie gar nicht? Ernsthaft? Dann sollten Sie es lernen! Sie müssen nicht immer effektiv sein. Einfach mal gar nichts tun, ist einfach herrlich. Sogar Langeweile kann sich positiv auswirken – denn daraus entstehen oft die tollsten Ideen. Probieren Sie es aus!

Freunde treffen: Gesellschaft macht glücklich. Uns mit Menschen auszutauschen, die uns nah sind, tut einfach gut. Es stärkt unser Selbstbewusstsein und unsere Widerstandskraft. Freunde machen fröhlich, stark, sicher und mutig. Zeit mit einem Herzensmenschen zu verbringen, dem man vertraut, ist außerdem gut für die Gesundheit. Wir atmen tiefer. Wir lachen lauter. Wir schlafen besser. Was wollen wir mehr?

Sie haben noch mehr Tipps zum Thema Selbstfürsorge? Was tut Ihnen so richtig gut? Wobei tanken Sie Energie?

Schreiben Sie uns! Wir sind gespannt, auf welche Weise Sie die Last des Alltagstrotts loswerden.

Wir freuen uns auf Ihre Nachrichten per Mail oder Social Media!

Instagram:
@heikeabidi
@lucindeschreibt

Facebook:
@AbidiBooks
@lucinde.hutzenlaub

Websites:
www.AbidiBooks.de
www.lucinde-hutzenlaub.de

Nachwort Lucinde: Wer bin ich denn nun?

Unglaublich, wie schnell und einfach es war, dieses Buch zu schreiben! Die Geschichten flossen nur so aus unseren (virtuellen) Federn, dabei dachte ich am Anfang noch, dass es gar nicht so einfach werden würde, ein ganzes Buch allein mit psychischen Belastungen zu füllen.

Aber je genauer ich hingesehen habe, desto mehr davon habe ich entdeckt. Und umso klarer wurde mir auch, dass ich vieles als selbstverständlich hinnehme, weil ich mich einfach daran gewöhnt oder gar nie darüber nachgedacht habe. Wie beispielsweise die nachvollziehbare Tatsache, dass Heike sich darüber aufgeregt hat, wenn ihre Oma sagte, dass ihr Mann »im Haushalt hilft«. Jetzt, da sie es angesprochen hat, finde ich es plötzlich auch absurd, dass ich es exakt so gesagt hätte – und das noch dazu dankbar dafür, dass mein Mann tatsächlich ab und zu den Kochlöffel schwingt.

Über die steuerliche Ungerechtigkeit, die es für verheiratete Mütter echt unattraktiv macht, wieder zu arbeiten, könnte ich mich allerdings immer weiter aufregen – und dann diese mangelnde Wertschätzung dahinter!

Okay, Hutzenlaub, nicht reinsteigern jetzt. Immer schön flach in die Seite atmen. Siehst du? Geht doch.

Stimmt. Alles geht. Immer. Aber die Frage, die ich mir nicht erst seit diesem Buch stelle, ist: Muss eigentlich immer alles gehen? Muss ich alles können? Alles leisten?

Und wie definiere ich mich überhaupt: Bin ich nun die Hausfrau, die nebenher arbeitet, oder die Geschäftsfrau, die nebenher ihren Haushalt führt? Bin ich die Vierfachmutter, die trotzdem arbeitet, oder die Autorin, die nebenher vier Kinder großgezogen hat? Oder ist es egal, solange es nur bitte perfekt ist?

Und warum stellt sich diese Frage den Männern nicht? Warum denken sie über so etwas nie nach? Sie gehen arbeiten. Punkt. Sie sind Ingenieur, Lehrer, Zimmermann oder Taxifahrer. Nie aber arbeitender Vater. Teilzeit-Vater. Working Dad.

Warum ist das so? Und warum habe ich das schlechte Gewissen, weil ich mich förmlich zwölfteile, weil ich wieder zu irgendwas ein paar Minuten zu spät gekommen bin, aber der Mann verspürt nicht den Hauch davon, obwohl er konsequenterweise einfach gar nie da ist?

Können wir es ihnen übelnehmen? Oder uns wenigstens was davon abschauen? Zum Beispiel deren erfolgreiches Konzept der Selbstfürsorge? Na?

Erkenntnis Nummer 1:
Der wichtigste Mensch in deinem Leben bist du.
Erkenntnis Nummer 2:
Du kannst immer nur dich selbst verändern.
Und Erkenntnis Nummer 3:
Wenn sich nichts ändert, ändert sich nichts.

Ja, es stimmt: über Erkenntnisse wie die Nummer 3 rege ich mich gerne mal auf. Sie klingt so furchtbar superschlau. Dabei ist sie ziemlich simpel und dementsprechend wirksam. Seitdem ich mal wirklich darüber nachgedacht habe, finde ich sie richtig gut, denn sie holt die Möglichkeit zurück, wirklich was zu ändern. Dinge passieren nun mal nicht von allein. Wenn wir uns Veränderung wünschen, müssen wir selbst diese Veränderung sein. Wenn das nicht auch ziemlich schlau klingt?

Wir dürfen außerdem auch mal was abgeben und großzügig mit uns sein. Wir dürfen um Hilfe bitten und sie sogar annehmen. (Das ist meine allerschwerste Übung.) Und vor allem dürfen wir unsere Freundschaften feiern, indem wir tolle Gespräche führen, gemeinsam lachen, Freud und Leid teilen – und ehrlich sind.

Also, ohne meine Freundinnen und Freunde, die mich immer wieder auch hinterfragen, ohne meine Schreibkolleginnen, die unglaublich motivierend sind, wenn ihnen ein Text gefällt, aber auch hemmungslos ehrlich sind, wenn sie ihn sch…lecht finden, ohne das Verständnis, das Lachen und die Liebe all dieser Menschen wäre ich nicht da, wo ich heute bin.

Hätte ich all die schwierigen Momente in meinem Leben nicht so überstanden.

Wäre ich nicht so mutig in Abenteuer aufgebrochen.

Hätte ich Herausforderungen niemals angenommen.

Hätte ich über Missgeschicke nie so laut oder überhaupt gelacht.

Was ich sagen will: Jede Lebensphase birgt ihre eigenen Challenges, Hindernisse und Sorgen. Das können wir nicht verhindern, und abgesehen davon bringen uns genau diese Erlebnisse auch weiter. Was wir aber verändern können, ist, wie wir damit umgehen. Ob allein und mit dem Versuch, die Fassade zu wahren, oder in Gesellschaft von Menschen, die es gut mit uns meinen, ist dabei unsere eigene Entscheidung.

Freunde sind nämlich wie Sterne, sie sind immer da, auch wenn man sie gerade nicht sieht. Das mag kitschig sein. Wahr ist es aber trotzdem. Und das ist schön. Stimmt's, Heike?

Nachwort Heike: Haben wir eigentlich ein Geschenk?

Stimmt absolut, liebe Lucinde! Und ich darf ergänzen: Wenn auch Partner, Kinder und überhaupt die ganze Familie das Leben wie funkelnde Sterne bereichern, dann sollte man das nicht einfach so als selbstverständlich betrachten, sondern wirklich zu schätzen wissen. Jeden Tag.

Falls hier allerdings der Eindruck entstanden sein sollte, mein Mann sei absolut perfekt, muss ich das ein klein wenig revidieren. Perfekte Männer gibt es nicht. Ebenso wenig wie perfekte Frauen. Das wäre ja auch langweilig.

Beispiel gefällig?

Sommerurlaub 2001, wir sitzen auf der Fähre nach Langeoog. Es ist windig und bedeckt, aber einigermaßen warm. T-Shirt-Wetter.

Das Festland ist schon mindestens zwei Kilometer entfernt, als mein Mann mich plötzlich fragt: »Haben wir eigentlich Regenjacken dabei? Nur so für alle Fälle …«

Natürlich hätte ich seelenruhig antworten können: »Aber natürlich, mein Schatz, die habe ich vorsorglich eingepackt, aber danke, dass du nachfragst.«

Habe ich aber nicht. Stattdessen bekam ich einen halben Nervenzusammenbruch und fauchte ihn regelrecht an: »Und das fragst du jetzt? Natürlich hab ich die dabei! Was glaubst du, warum der Rucksack so vollgestopft ist?«

Sorry nachträglich, aber ich war damals einfach alles andere als cool. Denn ich hatte das Gefühl, als Einzige an alles denken zu müssen und den Urlaub gar nicht richtig genießen zu können.

Szenenwechsel.

Herbst 2013. Wir sitzen im Auto und sind unterwegs zur goldenen Hochzeit meiner Eltern.

Auf halbem Weg fällt ihm was Wichtiges ein. »Du, haben wir eigentlich ein Geschenk?«

Natürlich hätte ich ausflippen und ihm vorhalten können, dass er mit dieser Frage reichlich spät dran ist. Wenn wir jetzt noch nichts hätten, dann blieben wohl nur Blumen von der Tanke …

Hab ich aber nicht. Stattdessen musste ich lachen und sagte: »Alles erledigt. Träum weiter.«

Denn natürlich hatten wir ein Geschenk. Schon seit Wochen. Ein wohlüberlegtes. Zwar schlecht verpackt (sorry, nicht meine Kernkompetenz), aber mit Liebe.

Ich war komplett entspannt. Denn ich hatte nicht mehr das Gefühl, für alles verantwortlich zu sein – nur eben für so was wie Geschenke. Das ist eben eher mein Ding. Dafür vergesse ich regelmäßig, den Müll rauszubringen, die Blumen zu gießen oder die Wäsche aufzuhängen.

Tja, eine 50:50-Verteilung der Aufgaben bedeutet eben nicht, dass jeder von allem die Hälfte macht. Sondern dass die Last insgesamt fair verteilt ist.

Übrigens: Ich habe erst einmal im Leben Schnee geschippt und noch nie den Rasen gemäht. Ebenso wenig mein Auto von innen gereinigt. Immer wenn es das nötig hat, macht mein Mann es schon vorher. Und das Schlimme ist: Mir fällt es nicht mal auf, dass es auf einmal blitzsauber ist! Muss ganz schön frustrierend sein … Aber er tut es trotzdem. Aus Liebe.

Doch in diesem Buch geht es ja nicht nur um mich und meine Familie, auch nicht nur um Lucinde. Sondern um uns alle.

Uns Frauen.

Die immer noch den deutlich größeren Teil des Mental Load tragen, dabei auf die Multitasking-Legende hereinfallen und von dem »Wer weniger verdient, muss die Hausarbeit erledigen«-Argument erschlagen werden.

Die ständig an tausend kleine Dinge denken sollen und dabei sich selbst vergessen.

Die sich abrackern und dann im Rentenalter in die Röhre gucken.

Hey, das ist nicht fair! Und das ist auch nicht hinzunehmen. Schon gar nicht, weil es »schon immer so war«. Das heißt nämlich noch lange nicht, dass es so bleiben kann.

Natürlich können wir nicht urplötzlich die Welt retten. Auch nicht die komplette Gesellschaft verändern. Aber in unserem eigenen Kosmos können wir es durchaus!

Schrauben wir die eigenen unrealistischen Ansprüche an uns selbst herunter!

Fordern wir ein, was uns zusteht!

Und erleben wir, wie Familie und Partnerschaft viel harmonischer werden, wenn niemand überfordert ist und alle sich gegenseitig entlasten.

Das sind wir uns selbst schuldig!

Danke

Wir möchten all den wunderbaren Menschen danken, die an der Entstehung dieses Buches beteiligt waren:

Wir danken Elisabeth Schmitten, unserer Lektorin vom Penguin Verlag, die uns überhaupt erst auf dieses spannende Thema gebracht hat.

Ebenso danken wir Verlagsleiterin Karen Guddas und Programmleiterin Annette Anton für ihr Vertrauen und ihre Leidenschaft für besondere Bücher. Danke, dass ihr diesem Projekt beim Penguin Verlag ein Zuhause gegeben habt.

Danke an Steffi Emrich für ihr Adlerauge beim Testlesen. Nicht zu fassen, was du wieder für Tippfehler gefunden hast! (Ich sag nur: »vollig gaga«.)

Wir bedanken uns bei Katharina Rottenbacher für ihr tolles Lektorat. Es war uns, wie immer, ein Fest, mit dir zu arbeiten!

Ein besonderer Dank geht an Anja Koeseling, Agentur Scriptzz, und Leonie Schöbel, Agentur Meller.

Und wir danken uns gegenseitig:

»Liebe Heike, ein besonderer Dank auch an dich: bei all den Büchern, die wir zusammen geschrieben haben, warst immer du diejenige, die die Struktur im Auge behalten, alles in der richtigen Ordnung eingefügt und schon vorab echt viele Fehler gefunden hat. Damit hast du es mir wirklich leicht gemacht. DANKE, DANKE, DANKE!«

»Liebe Lucinde, und ich danke dir für die wunderbare Leichtigkeit, mit der du aus der schier unerschöpflichen Quelle deiner Hutzenlaub'schen Anekdoten unsere gemeinsamen Bücher bereicherst und mich beim Lesen immer wieder zum Lachen bringst. Und unsere Leser:innen hoffentlich auch! Wir sind schon ein tolles Team, oder?«

Nicht zu vergessen das Team in der Presseabteilung, die Schriftsetzer:innen, Korrekturleser:innen, Covergestalter:innen, Vertriebler:innen, natürlich auch die Drucker:innen und überhaupt alle, die aus unserem Manuskript dieses Buch gemacht haben.

Danke an Gaby Gerster für unsere immer noch großartigen Autorinnenfotos. Wir freuen uns schon auf das nächste Shooting.

Wir danken auch unseren lieben Freundinnen und Kolleginnen (beispielsweise bei Texttreff und DELIA). Das Autorinnenleben ohne euch wäre wirklich ganz schön einsam.

Ein Riesendank geht natürlich auch an unsere Familien, die uns unterstützen, an uns glauben, uns in vielerlei Hinsicht entlasten. Ihr seid die Allerbesten!

Und schließlich danken wir Ihnen, die Sie dieses Buch gekauft haben. Wir hoffen, Sie haben ganz viel Spaß beim Lesen. Für Sie haben wir *Ich dachte, zu zweit muss man nicht alles selber machen* geschrieben.

Dezember 2022
Lucinde Hutzenlaub
Heike Abidi

Literatur

Mehr über das Thema Mental Load und die Aspekte davon in diesem Buch können Sie zum Beispiel hier lesen:

Bücher:

Patricia Cammarata, *Raus aus der Mental-Load-Falle: Wie gerechte Arbeitsteilung in der Familie gelingt*, Weinheim 2020

Jiang Chen, *Kaizen – jeden Tag ein Stückchen besser: Die japanische Philosophie, für kleine schrittweise Veränderungen mit maximaler Wirkung*, SP 2021

Sarah Cooper, *Wie du erfolgreich wirst, ohne die Gefühle von Männern zu verletzen*, Berlin 2021

Laura Fröhlich, *Die Frau fürs Leben ist nicht das Mädchen für alles. Was Eltern gewinnen, wenn sie den Mental Load teilen*, München 2020

Amanda Kudo, *My little Ikigai Journal, a Journey into the Japanese Secret to Living a Long, Happy, Purpose-filled Life*, 2018

Robert Maurer, *Wie ein kleiner Schritt dein Leben verändert: Der Weg des Kaizen*, München 2019

Nicole Mayer-Ahuja und Oliver Nachtwey, *Verkannte Leistungsträger:innen: Berichte aus der Klassengesellschaft*, Berlin 2021

Nils Pickert, *Lebenskompliz*innen. Liebe auf Augenhöhe*, Weinheim 2022

Katharina Pommer, *Stop MomShaming. Miteinander statt gegeneinander*, Berlin 2020
Dr. Evke Rulffes, *Die Erfindung der Hausfrau – Geschichte einer Entwertung*, Hamburg 2021
Anastasia Schwarz, *Ikigai – der Sinn des Lebens: Die wegweisende Philosophie aus Japan*, Soest 2021
Dr. Libby Weaver, *Die Last des Alltags abwerfen. Die Ursachen von Stress und Überlastung erkennen und zu neuer Leichtigkeit finden*, Stuttgart 2020
Natascha Wegelin, *Madame Moneypenny: Wie Frauen ihre Finanzen selbst in die Hand nehmen können*, Hamburg 2018

Online-Artikel:

Caroline Bauer, *Stau im Kopf. Mamas Mental Load: Immer an alles denken müssen*, in: www.familie.de, 2021
Linda Berger, *Ruhe! Mama will schlafen! Bitte! Darum sind wir Mütter wirklich immer so müde*, in: www.brigitte.de, 2021
Teresa Bücker, *Ist es radikal, sich die Gedankenarbeit zu teilen?*, in: www.sz-magazin.sueddeutsche.de, 2020
Bundesministerium für Familie, Senioren, Frauen und Jugend, *Kinder, Haushalt, Pflege – wer kümmert sich? Ein Dossier zur gesellschaftlichen Dimension einer privaten Frage*, www.bmfsfj.de, 3. Auflage 2021
Judith Fischer, *Madonna wehrt sich: Was haben Schönheits-OPs mit Selbstbestimmung zu tun?*, in: www.elle.de, 2021
Heike Kleen, *Welches Lebensmodell ist richtig? Der Krieg der Mütter*, in: www.spiegel.de, 2020
Heike Kleen, *Nur halbtags emanzipiert – Warum ich als Femi-*

nistin meinem Mann den Einkaufszettel schreibe, in: www.spiegel.de, 2021
Martin Pfaffenzeller, *Frauenstreik 1975: Als die Roten Socken Island lahmlegten*, in: www.spiegel.de, 2019
Simone Schlosser, *Mental Load. Wie gerechte Arbeitsteilung in der Familie gelingen kann*, in: www.deutschlandfunkkultur.de, 2020
Michaela Seul, *Mental Load: Die vielgeteilte Frau*, in: www.emma.de, 2020
Dr. Hans-Günter Weeß, *Schlafen und Schichtarbeit: Wie Sie trotz Schichtarbeit tief und fest schlafen,* in: www.barmer.de, 2020
Sabine Zöchling, *Wie familienfreundlich ist Homeoffice?*, Bachelorarbeit, www.researchgate.net, 2016
Lou Zucker, *Kinder, Küche, Pflege: Was Ihre Care-Arbeit wert ist (und warum Sie niemand bezahlt)*, in: www.spiegel.de, 2021
Pro-und-kontra-Check Homeoffice: Überwiegen die Vorteile oder die Nachteile?, https://blog.karrieretutor.de
Der Gender Pension Gap – nicht nur existent, sondern auch vollkommen unterschätzt, www.spitzenfrauen-bw.de, 2021
Wir lassen nicht locker – Lost Romania, www.hilfsprojekt-rumaenien.de, 2021